生而為粉，我很幸福

橫川良明 著
葉廷昭 譯

有趣爆棚的粉絲內心話，有「推」的人生最美麗

前言

有了「推」以後的人生徹底改頭換面

就在我快要步入三十大關的時候，我對自己的人生感到絕望。就算我喜歡上別人，也得不到對方的青睞，每天都活在孤獨與不安中，飽嘗辛酸。

小時候我以為年過三十，就會是獨當一面的大人。這年紀的人理當結婚生子，在蛋黃區坐擁房產才對。但現實是殘酷的，我連談戀愛都有問題，是要怎麼結婚啊？每隔一段時間我就會弄丟家裡的鑰匙，連自己家都進不去，一點長進也沒有。安西教練看到我廢成這副德行，大概也會放棄治療吧。

工作也沒什麼值得一提之處，我當自由寫手好幾年了，頂多只能圖個溫飽，從來沒有機會做自己想做的案子。整天在電腦前盯著同行的帳號，看他們採訪人人欣羨的名流，寫出一篇又一篇膾炙人口的報導。而我唯一能做的，就是詛咒他們走樓梯時摔成智障。

跟朋友見面聊天也不太盡興。朋友問我最近過得如何，我實在答不上來。我每天忙著工作，過著一成不變的生活。當然啦，細看我的生活還是有一些趣事，但在時間的洪流下，這點趣事太微不足道了，我連上週末幹了什麼都想不起來。

我每天過得渾渾噩噩，既沒有碰到會逼人上吊的壞事，也沒發生不枉此生的好事。看著電視賺人熱淚的節目，我茫然地思考著，自己的人生再也不會有青春的感動了；那種感動到呼吸困難、痛哭流涕的日子，是一去不回了。追逐夢想、充滿熱忱是年輕人的專利，我乖乖放棄了。

沒想到，這一切在二〇二〇年夏天有了轉機。那一年，三十七歲的我在電視機前，像個棒球少年一樣，流下了純純的男兒淚。當時我很沉迷一部泰國的電視劇，劇中男孩們編織出一段感人專一的愛情故事，簡直不下於少女漫畫。我想起自己第一次看少女漫畫《我不是天使》的經驗，那齣戲真的讓我心跳加速、感動不已。

後來，我得知某一齣很有人氣的舞臺劇要出續作了，我喜歡的演員也有演出。看到那則演出公告，我生平第一次用「驚天動地」這幾個字來形容一件喜事。同樣喜歡舞臺劇的好友，也用LINE傳簡訊祝賀我。我立刻上網查詢公演時間，矯正自己偏食的習慣，以免在開演之前發生什麼意外。我甚至過著限醣的飲食生活，準備以最好的狀態去看戲。

總之，我現在過得充實又快樂。而立之年後，我的外在條件沒有太大改變，同樣是一個無妻無子的光棍，也沒有房產。應該說年紀越大，我的外在條件就越差。

然而，當初的空虛和窒礙感已經與我無緣了。如今我的心情活潑雀躍，根本沒閒工夫發呆放空。我就跟十多歲的少年一樣，充滿濃烈鮮活的情感。

這一切都是我有了「推」的關係，我的「推」都是年輕俊俏的演員。起初我只對某一位演員情有獨鍾，到後來喜歡的「推」越來越多，連泰國都有我愛的「推」。

每天我都忙著追逐他們的動向，根本沒時間看其他同行的帳號，也沒那個心思去嫉妒了。一有時間我就跟同好相聚，一起喝酒看「推」的節目，日子好不快活。

我當「阿宅」已經六年了，以前我跟這種生活是完全無緣的。如今，我是一個很稱頭的追星宅。很多阿宅跟我一樣，有了「推」以後，人生徹底改頭換面。

認識了喜歡的「推」以後，我的人生變得非常快樂。而這本書呢，就是一個平凡阿宅在探討追星的樂趣，以及一些不為人知的話題。也沒人拜託我這麼做，我就是想自說自話，好好探究一下所謂的「推」究竟是什麼。

看完這本書，你的業績不會進步，身體也不會比較健康。說穿了，這對你的人生一點幫助也沒有。

可是，有些人認識了喜歡的「推」以後，春心蕩漾到難以把持的地步，也有人拋下了沉重的負擔，身心獲得解脫。這樣的人看完這本書，或許會心有戚戚焉吧。

如果你跟過去的我一樣，生活失去歡笑，又找不到值得投入的目標，這本書雖不能帶給你往前走的動力，但至少可以給你一點不同的視野。

「推」到底是什麼？何以能在人心中注入一股狂野活力？

所有被稱爲「推」的偶像，還有以「阿宅」身分自居的朋友，我會懷著愛與敬意，爲你們娓娓道來箇中原由，讓我們一起聊到最後吧。

目錄

第二章 「宅」不需要意義

第三章　阿宅危機

第四章 下輩子我還是想當阿宅

第一章
「推」到底是什麼？

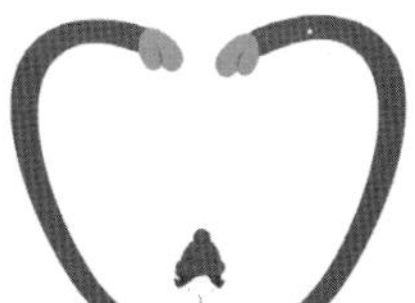

什麼是「推」？

每個人都想為自己喜歡的偶像推一把

不知從何時起，日本人習慣把自己支持的對象稱爲「推」。本來這是指自己最喜歡的偶像團體成員，好比「我最推的偶像團體成員」，後來才簡化成「推」。據說，從早安少女組活躍的時代就有這種用法，但眞正普及是AKB48崛起以後的事了，所以差不多是二〇〇五年到二〇一〇年左右。

起先也是偶像宅在用的俗語，但這種說法講起來很順口，而且簡單好記，使得其他領域很快就拿去用了。如今，「推」也算是相當普遍的現代用語。

各位有喜歡的「推」嗎？會買這種宅書來看，相信你也有喜歡的偶像吧？有喜歡的

「推」是一件非常美好的事，對吧？「推」不但甜美可人，還有療癒人心的效果，偶爾還會展現出令人心動的性感魅力。隨便吐個舌頭裝可愛，就能帶動五億元的經濟效果（這數字我胡謅的）。

找到喜歡的「推」，心靈便有了依靠，而且還能領悟眞正重要的事物，那就是眞心。

藝人明星不斷出道，從以前到現在，每個明星都有很多粉絲。然而，爲何「推」這個概念現在會受到矚目？我認爲答案就隱藏在「推」這個字眼中。

歸根究柢，爲何要用「推」這個字，而不直接說「支持」呢？我們先思考一下「推」和「支持」的差異。

「支持」這個詞彙顧名思義，分爲「支撐的一方」和「接受撐持的一方」。至於「推」，是指「推薦」之意，除了藝人和粉絲以外，還包含了「被推廣的第三方」。純粹聲援藝人用「支持」就夠了，**「推」則是把你喜歡的明星推薦給其他人，讓其他人一起喜歡，這種傳教精神的狂熱，和「支持」不一樣**。支持是你自己喜歡就好。

「共鳴」帶動推廣的文化

那麼，為何我們急著推廣自己喜歡的對象呢？這方面跟粉絲的心態有關，粉絲都希望更多人了解自己的「推」。不過更單純的原因是，**談論自己喜歡的人事物，本身就是非常愉快的事情**。

談論自己喜歡的對象以及他們有哪些優點，會帶給我們一種心動的感覺，聽的一方也會分泌腎上腺素。就好比畢業旅行的時候，大家晚上聚在一起聊暗戀對象一樣。當我們聽到同學的戀愛故事，心中會產生幸福的感受。小時候我們會躲在棉被裡，偷偷告訴朋友自己喜歡的對象；長大以後我們談起喜歡的人事物，反應也跟小時候差不了多少。

現在網路和社交媒體很發達，你再怎麼不情願，也一定會看到其他人的負面文字，情緒也在無形中受到汙染。負面文字會侵蝕人心，化為毒素戕害身心。

談論自己喜歡的事物，接觸充滿愛的言語，這在充滿惡意與嫉妒的現代社會中，是最棒的排毒方法。**喜歡一個人的「共鳴」，是對抗負面情緒最有效的手段。一群有同樣想法的人互相共鳴，會放大我們心中的愛。**

社交平臺普及以後，分享和轉推已成爲生活中的一部分，這也和「推」有極大的關聯。我們開始分享所愛，而不只是單純獨享。這種尋求共鳴的聯繫，對今日的「推文化」也有很大的影響。

在這個痛苦的時代我們更需要「推」

「推」這個字眼不是只有傳教的意味。提供實質的金援贊助，讓其他人知道自己喜歡的明星有明確的實績，支援該名藝人的活動，這種「奉獻」也是「推」的涵義之一。在談論「推文化」的時候，「奉獻」是不能不提的關鍵字。

說穿了，我們都想爲別人做出貢獻。問題是，平日我們很難獲得這種體驗。

當然，職場工作本身就是一種貢獻，有家庭的人也會以某種形式，對家庭做出貢獻。遺憾的是，你很少有機會感受到自己的貢獻，通常人家也不會跟你道謝，你的付出似乎都沒有回報。

你會懷疑自己存在的意義，不曉得有誰需要自己，內心潛藏這種寂寞和徒勞的感覺。因此，為自己喜歡的「推」付出明確的「數字」，可以輕易確認自己存在的意義，這也是追星的喜悅之一。

參加的付費活動越多、付出的金額越多，確實能得到不少特別回報。可是，看到自己喜歡的「推」實現夢想、聲名大噪，遠比這些實質回報更令人開心。未來你喜歡的偶像紅透半邊天，你就是他攀上頂峰的其中一塊基石，崎嶇的星途一路上有你的相伴。光是付出支持，就能感受到自身存在的意義。現代社會很難找到活下去的理由，是「推」給了我們一個歸宿。所以，大家都想推廣自己喜歡的偶像明星。

在兵荒馬亂的年代，你根本沒心力想這些。戰場上不是你死就是我活，哪來的閒情逸致讓你思考生存意義？

好在，現代人的日常生活只有一點小問題，不用像戰場上的大頭兵一樣，時時刻刻以命相搏。古代人五十歲就算長壽了，現代人的歲數整整多了一倍。在這種成熟社會，你不必特別拚命也能生存，但要活得像個正常人，你得認識自己的存在價值才行。偏偏在日常生活中很難感受到這一點，因此**我們都需要一個值得付出的「推」，讓我們確認自己的存在意義，找到自己存在的歸宿**。

我跟其他廣大的阿宅一樣，有了喜歡的「推」以後，人生徹底改頭換面。我想先談一談自己找到「推」的經歷，順便探討一下這個深奧難解的粉絲行爲背後，究竟隱藏著什麼樣的內涵。

「推」不只是「喜歡」

第一次邂逅「推」

喜歡某個人物或作品，在宅圈又稱爲「入坑」。於是，個人喜好就被稱爲「坑」，我的坑是年輕的帥哥演員。演技這種東西沒有正確答案，但演員卻全心追求精湛的演技。這分熱忱令我動容，看他們演戲我每天都好開心。

年輕的帥哥演員，臉長得好看是一定的。

當然，我常替自己辯解，我喜歡的是他們的演技，而不是長相。這種藉口很像養小白臉的女人會講的話，但憑良心講，長相的確是入門關鍵。若不是他們長得好看，根本不會引起我的注意。我也很難想像他們換一張臉會是什麼樣子，沒有那個外表我也推不下去。這話講起來不好聽，卻也是不爭的事實。

常有人問我，你一個大男人爲何喜歡同性的帥哥？這問題我聽過不下三十次，就跟記者常問那些帥哥喜歡哪種女生一樣頻繁。同樣的問題回答久了，我的答覆方式也變得越來越精闢。簡單說，我喜歡欣賞漂亮的人事物。

這就好像我們看到四季的變化，也會感動一樣；春天有櫻花盛開，冬天則有白雪皚皚的景致可供賞玩。只要是人，看到極光都會覺得漂亮，與性別無關。我身爲一個生理男性，會欣賞帥哥的容貌，也是很自然的事情。

說到底，我從以前就喜歡帥哥。我是家中的老么，上面有兩個姊姊，從小就浸淫在她們買回來的東西。

我看的多半是少女漫畫周刊，可以說我是看少女漫畫長大的。小時候，漫畫《緞帶魔法姫》的小林大地，就是我初戀的對象。

那時候我看到小林大地，其實並不認爲他是我的「推」。每次大地跑去幫女主角，我就笑得合不攏嘴；當女主角無法變回原本的樣貌時，大地鼓勵女主角的臺詞也令我鼻酸。總之，我對大地只有一點淡淡的好感。

當你想為他付出，那個人就是你的「推」了

我會喜歡上三次元的人物，主要跟香取慎吾有關。當時，我的大姊很喜歡近畿小子，二姊則喜歡SMAP，我們全家深陷傑尼斯這大坑中。牆上貼滿了近畿小子和SMAP的海報，新發售的偶像雜誌家裡一定都有。家中除了報紙和偶像雜誌，再也沒有其他刊物。

所以，我對傑尼斯沒什麼偏見和抗拒，這也是很重要的因素。我喜歡上帥哥偶像的契機是這樣的：香取慎吾在電視劇《For You》中，扮演一個叫澤木宙的幼兒園老師，跟小朋友相處得十分融洽。一個身材高大的男生穿著圍裙逗小孩，那模樣實在有夠可愛，也是我這輩子第一次體驗到「萌」這種情感。

後來我就迷上香取慎吾了，這也間接印證了我和兩個姊姊的血緣關係，她們也是傑尼斯偶像宅。只要是香取慎吾演出的電視劇，我非看不可，而且每一集都會錄下來。劇情我都記得一清二楚，有空就會重看香取慎吾的電視劇，品嘗幸福的滋味。

漸漸地，我對香取愼吾的好感持續飆升，純粹的觀賞已經不能滿足我了。我想爲他做點什麼，這種情感幾乎塞爆我的腦子，我需要一個宣洩的管道。

現在我會加入官方的偶像後援會，直接參與現場活動。但當時我只是小學生，能使用的金錢非常有限，連要去看演唱會都有困難。

剛好，香取愼吾有代言一款叫「QUAN FOO」的飲料，我就買了一大堆來喝。

「QUAN FOO」是三得利出產的飲品，大多讀者應該都沒聽過才對。不是我要說，那款飲料眞的有夠難喝，就像用感冒糖漿調製出來的碳酸飲品。當然，抨擊廠商精心研發的商品有違我的原則，但那畢竟已經是二十多年前的商品了，講了應該也沒人會在意。也不知道廠商是怎麼做市場調查的，竟然會推出口味那麼奇葩的飲料。

不過，那是我的「推」宣傳的商品，三得利贊助我的「推」，我就該贊助三得利，豈能有任何怨言呢？既然我的「推」拍了宣傳廣告，我也希望飲料有不錯的銷售成績。所以，每天都買那款飲料來喝。

偶爾爸媽心情不錯，會拿點小錢讓我去買果汁，我一定買「QUAN FOO」。爸媽也以爲我很喜歡「QUAN FOO」，不懂爲何孩子會喜歡那種奇葩的味道，我要趁這個機會解開二十五年來的誤會。爸、媽，我喜歡的是香取愼吾，不是「QUAN FOO」！

不管怎麼說，那是我頭一次想爲喜歡的人付出，貢獻實際的銷售數字。這樣的感情應該就是我與「推」的起點吧。

順帶一提，「QUAN FOO」發售不到一年就停產了，也難怪。

歡迎入坑

那瞬間，我的「推」看起來就像耶穌

喜歡香取愼吾，讓我在青少年時期意外認識「推」這個概念。可是，當年「推」這個字眼還不流行，而我也出於各種原因，不敢再喜歡美男子。久而久之，這種心情也就跟我無緣了。長大後，我雖然會跟風喜歡當紅明星藝人，卻沒有特別沉迷於誰。

不過，人生眞的是說變就變，後來我邂逅了一位帥哥演員，一下就被拖進那萬劫不復的宅圈裡。那位演員是松田凌，一出道就擔任音樂劇《薄櫻鬼～齋藤一篇～》的主角，是位活躍的舞臺劇演員。

不認識松田凌的朋友，請先放下這本書，拿起你的手機 Google 一下。我超喜歡那張帥臉，完全正中我的好球帶。我除了感謝松田凌的父母，也很感謝亞當和夏娃降生以來，松田凌的基因沒有在戰亂、飢荒、天災中消失，這簡直就是奇蹟。

那炯炯有神的雙眸、高挑的鼻梁，還有眼睛和眉毛的距離，以及略帶傲氣的唇形，我統統都好喜歡。我甚至搞不懂自己喜歡松田凌，是不是那張臉的關係？還是因爲那是松田凌的臉，才帶給我這種幸福的感覺？爲了想出最有見地的答案，我浪費了一整晚苦思良久，那是我這輩子最沒意義的熬夜時光。

不過，眞正沉船絕不是臉的關係。當然，我知道自己講了一大堆外貌協會發言，這種話聽起來很沒說服力。事實上，我在喜歡松田凌之前，就知道他是有名的人氣演員，工作上也有跟他接觸的機會。以前我只覺得他好看，並沒有想支持他的意思。

直到看了舞臺劇《彌賽亞．翡翠之章》後，才徹底改觀。松田凌燃燒自己的生命，在舞臺上發光發熱，他的光芒淨化了我汙穢不堪的心靈。那耀眼的姿態令我驚爲天人，我直覺聯想到耶穌復活的宗教畫。就是本來在十字架上殉道的耶穌，頂著神聖的光環重現人間的那幅畫。那當下，如果松田凌說他是耶穌，我大概也不疑有他。那種衝擊對我來說跟天啓差不多。

收藏卡跟油田一樣挖都挖不完

有了那次經驗後，松田凌演出的舞臺劇我一定不會缺席，我太想看他演戲了。一開始只要能看到他就好，也不在意自己坐哪個位子。後來剛好買到前面的座位，就再也不想坐後面看戲了。最後我加入他的粉絲俱樂部，享有優先購票資格。

欲望是沒有止境的，下一個感興趣的標的，就是他的過去和經歷。我想了解的不只是他當下的一切，連他過去的作品也想看，因此買了所有的ＤＶＤ。那稚氣未脫的容貌打動了我的心，再看到略嫌稚嫩的演技，不難想像他付出了多少努力才有今日的成就，羅馬不是一天造成的。我從過去的ＤＶＤ體會到他的人生經歷，彷彿看了三大本商業名人的勵志傳記一樣。

不僅如此，我還買了他的寫真集收藏，想看隨時有得欣賞。人的容貌會隨著時間流逝而改變，我花了大把鈔票買他的收藏卡，想把他的容貌烙印在心底。買收藏卡的好處是，那是你自己喜歡的「推」，照片上的樣子不會令你失望。那些東西就跟取之不盡、用之不竭的油田一樣，而且一張才幾十元，**用幾個銅板就可以買到通往幸福國度的門票**。

幸好，舞臺劇演員的周邊紀念商品繁多，官網也有賣鑰匙圈。花一點小錢就能買到巴掌大小的「推」，那種感覺就好像擁有一個迷你情人，人類的創意眞是太可怕了。

不知不覺間，我變成了一臺貢獻良多的提款機，這世上又多了一個欲念深重的阿宅。

不消說，我的收入和支出是不平衡的。半澤直樹看到我這副鳥樣，一定會馬上提出財務重整計畫。**我的財務狀況差到爆，生活品質卻奇高無比，幸福度簡直不下於丹麥人**。

爲什麼沒錢還很幸福呢？在說明幸福的原理之前，我想先告訴大家，自從有了喜歡的「推」以後，我的人生有了哪些變化。

有「推」的日子是彩色的

「推」就是我的心靈甘泉

其實，**幸不幸福取決於你自己的心態**。

有名的畫家和偉大的修女，都講過類似的名言。這番話太有道理了，我完全同意，他們眞是太有見地了。

不過，我以前不太認同這些心靈雞湯。你想，這點狗血道理誰不明白？我就是缺乏一個重要的價值觀，來判斷自己過得幸不幸福。只要你覺得自己幸福，根本不該管別人怎麼講。偏偏我就是沒有這種堅定的信念，因此會跟其他人比較，搞到自己焦慮不堪、妄自菲薄。每次比較就會產生負面情緒，我活得好累，也越來越討厭自己。

活得越久，就越憤世嫉俗，只有找藉口和講幹話的功力不斷進步。我根本不曉得幸福身在何處，這就是我三十出頭的寫照。不過，人生總是峰迴路轉，雖然看不到前途，但多虧有了喜歡的「推」，我才能抱持今朝有酒今朝醉的樂觀心態。

「推」的魅力瓦解了孤獨死的恐懼

人生在世，難免會碰到一堆火大的事情。好比客戶提出不合理的要求、計程車司機講話太白目、拆棉被套的時候拉鍊卡死等，很多狗屁倒灶的事情，會讓你想要強制關閉心靈作業系統。在這種糟糕透頂的時刻，看到喜歡的「推」，有振奮人心的作用。**「推」是心靈的甘泉**。

夜深人靜的夜晚，我只要一想到自己可能孤獨終老，就會上網搜尋「孤獨死」之類的關鍵字。我會想像人生的結局，陷入一種難以言喻的焦慮。可是，一看到甜美可人的「推」，我的心靈就會滿血復活，連食欲都跟著恢復。

有了堅定不移的信念和寄託，心情也比較好。**每天過著被壓力強暴的生活，是「推」給了我一對心靈的翅膀**。在我快被火大的情緒壓得喘不過氣時，會馬上戴起耳機用手機欣賞「推」的影片。光是看到「推」活靈活現的姿態，就帶給我一種很幸福的感覺，大概只有可愛的嬰幼兒影片有同樣的效果吧。

我的圖片資料夾裡全都是「推」的照片。YouTube 有慢速播放的功能，我以前不懂誰會用這種雞肋的功能，現在終於明白，那是要讓使用者拍下偶像最帥氣的截圖。多虧有那項功能，我截圖的技術突飛猛進。

近年來，「取悅自己」成了很重要的思維，重點在於要有逗自己開心的能力。而找到自己喜歡的「推」，是最有效的方法了。有了喜歡的「推」以後，我那豆腐般柔弱的心靈，總算變得強壯一點了。

「推」拯救我脫離比較的地獄

「推」強化的不只是我的心靈。人年紀大了以後，會有一種不在意他人目光的厚顏心態，對外貌也不再講究。

可是，有了「推」以後不得不講究，因爲你得去參加現場活動。明眼人一看就知道你是誰的粉絲，萬一人家覺得你的「推」只有肥宅相挺，那就沒臉去見「推」了。這就好像我們可以忍受別人說自己的壞話，但無法忍受父母被罵一樣。**我不在意別人怎麼看我，但不希望自己拉低「推」的形象**。

所以，我開始注重自己的外表，甚至嘗試做一些肌膚保養。這一切改變，都是有了「推」的關係。起先我也笑自己太傻，大叔學年輕人擦化妝水和乳液，未免也太自戀了。老實講，我很受不了這些麻煩的事情，但細心保養肌膚，似乎加減恢復了年輕的光澤。況且，稍微花點心思照顧自己，你會感受到重視自我的喜悅。

你要是問我現在過得幸不幸福，我還是很難好好回答這個問題。說不定人生中還有更確切的幸福吧？不過，現在的生活方式比較適合我。

這種**「適合自己」的感覺很重要**。說穿了，**你的生活方式到底好不好，取決於自身能否接受那樣的生活**。

過去我一直沒有判斷幸福的標準，只能靠比較來確認自己的價值，好在終於找到一個堅定不移的最強基準。**只要「推」健康平安，我就很幸福了**。

「推」教我的溫柔

體恤他人是不造口業的最好方法

有了喜歡的「推」以後，身上產生了很多變化，其中最讓我驕傲的改變，就是終於懂得溫柔待人了。

我其實不想用整個世代的刻板印象來探討人格特質的問題。不過，對八〇年代出生的我來說，「嘴賤」算是一種基本技能。你看電視上的搞笑節目，那些藝人嘴巴得夠毒才有好的演出地位。現在這個時代，嘴巴夠壞才會被當成有趣的人，也才有出人頭地的機會。

同樣的現象在生活中也屢見不鮮。光是「嘴」這個字就有說人壞話的意思，儼然成了一種消遣的字句，這就是很明顯的例子。參加聚會的時候，也要適度發揮一點黑色幽默，才顯得你這個人上道。這套處世哲學我也使得駕輕就熟。

可是，別人的壞話講多了，罪惡感沉澱在心底揮之不去，聚會結束後，我都會一個人好好反省。我想擺脫造口業的痛苦，卻又遲遲放不下這套處世哲學，這種兩難的矛盾困擾我好久。

直到有了喜歡的「推」，我就徹底改掉嘴賤的毛病了。看到自己喜歡的「推」被攻擊，相信大家都會不爽。同理，你現在取笑的對象，或許也是別人的心肝寶貝。明白了這個道理後，我就不敢再亂說話了。

以前遇到討厭的人，都會詛咒對方快去死一死。我的憤怒燃點超級低，而討厭的對象也許是別人的心肝，這種想法不會讓我變得寬宏大量，但至少有忍耐的修養了。

你討厭的對象，也許是別人的「推」。這句神奇的咒語，可以讓度量增加２ＴＢ左右。還有一種類似的說法是，我們討厭的對象也是人生父母養。不過，我個人非常討厭這種說法。因爲會很想嘴那些討厭鬼的父母，到底是怎麼教育小孩的？尤其看到一些討厭鬼有配偶，會更加火大，跟那種討厭鬼在一起的也不會是好東西。可是，當我想到自己討厭的對象，也許是其他人的「推」，就不好意思說對方壞話了。「推」就是有這麼神奇的魔力。

後來，我不再說其他藝人的壞話。當然，有些藝人我還是不太喜歡，但能體會那些人也有自己的粉絲。珍惜自己的「推」，也要尊重別人的。

人在做，「推」在看

還有一句神奇的咒語，很適合用來提升自己的道德感。那就是「人在做，『推』在看」，當你想要闖紅燈或硬擠電車，做出破壞規矩的舉動時，這句話有絕大的抑制力。

只要明白舉頭三尺有神「推」的道理，就不敢做壞事了。在快要動怒或說髒話的時候，請捫心自問，你敢讓喜歡的「推」看到現在這種醜惡的表情嗎？我保證負面情緒會馬上消失。「人在做，『推』在看」這句話，對阿宅來說，比任何法律或天譴來得更有約束力。

有個專有名詞叫鏡像效果，意思是我們會不經意模仿自己喜歡的對象。這也適用於一個人的性格和言行舉止，有品的「推」自然會吸引到有品的粉絲，反之亦然。

幸好，我喜歡的「推」都是謙遜有禮的好人。我喜歡他們的內在氣質，也期許自己當一個配得上他們的粉絲。久而久之，我待人處事更加圓融內斂，也懂得關心別人。與其花錢去上禮儀課程，不如花錢支持自己的「推」，這對人品會更有幫助。

更何況，我們阿宅會定期參加殘酷的門票爭奪戰，是永不言退的鬥士。能否在這個殘酷的戰場生存下來全靠運氣，所以阿宅平日會多積陰德，盡可能提升自己的運氣。看到迷路的小朋友，我們會護送小朋友前往警局；看到提著重物的老人家，我們也會幫忙提東西。

好事做多了，就不會輕易動怒或說人壞話。對他人親切，情緒自然會安定下來，你會發現自己活在一片祥和的世界中。對我這種情緒起伏不定的人來說，這是極大的轉變。

用這種方式教化大眾，世界絕對更加和平，消弭戰爭指日可待。**要打造一個幸福和平的世界，需要的不是甘地或德蕾莎修女，而是你喜歡的「推」。**

阿宅之所以成爲散財童子

為愛噴錢就是任性

成爲阿宅以後，我花錢的方式也大有轉變。

以前我一個禮拜有五天會去喝酒，這對我來說稀鬆平常。喝酒吃好料固然開心，但自踏入宅圈以後，就很少花錢吃飯喝酒了。現在都吃便宜的便當，喝便宜的酒。

相對的，我花了很多錢買偶像的周邊商品和門票。支持喜歡的「推」是一定要花錢的，消費行爲在宅圈甚至被視爲一種美德。應該說，花錢本身就是一種娛樂。

ㄏㄨㄚㄑㄧㄢˊㄏㄠˇㄎㄞㄒㄧㄣ。把這句話全部打成注音，看起來就沒這麼糟糕了對吧？嗯嗯，我也常用這招催眠自己。

我也知道亂花錢不理性，但每次看「推」的IG，心中的愛意就會不斷膨脹，最後像氣球一樣爆開，想花錢的欲望就跟桃太郎一樣，從貧瘠的小腦袋裡蹦出來。那麼，單純的愛意是怎麼進化成凱子的欲望？

其實在情場上，當我們喜歡一個人到難以自拔的地步，就會想親手做菜給對方吃，或是織圍巾給對方。不付出實際的行動，我們就靜不下來。

換句話說，花錢對我們阿宅來說，就跟做菜或織圍巾是同一回事。只不過，大人沒多餘的時間煮菜或織圍巾，用財力表達支持是最快的方法。因此，錢就一直噴個不停。

上IG看照片是不用錢的，IG也不收你使用費，只要按一下追蹤，每天都看得到喜歡的偶像明星發布美美的照片。有這麼一座源源不絕的溫泉，照理說不需要買雜誌或收藏卡了對吧？答案正好相反，免費的資源越多，你會越想接觸自己喜歡的「推」。這又稱爲單純曝光效應，是心理學非常有名的論述，意思是接觸的頻率上升，會增加我們對某一個人的好感度。阿宅就是受到單純曝光效應的影響，才會花錢去買偶像商品（雜誌、寫眞集、DVD等），好你個單純曝光效應啊。

更進一步來說，花錢會給人強烈的快感。爲什麼噴錢還爽得不要不要？因爲你可以滿足三種欲望。第一種是**占有欲**，也就是占有自己想要的東西；第二種是**奉獻欲**，這是想爲喜歡的對象付出的心意；第三種是**背德感**，浪費自己辛苦賺來的錢，也會有一種爽感。

大家小時候應該都有央求父母買玩具或零嘴，結果被拒絕的經驗吧？小時候體驗到的不甘心和懊悔，對我們有很深遠的影響。長大後，當我們可以毫不猶豫購買自己喜歡的東西，就會想起年幼時的自己。

長大成人就不必再忍耐了，我們花的是自己賺來的錢。長大後浪費錢，其實就是在拯救小時候無能爲力的自己，要說是一種報復也行。所以，花起來才特別爽。

花錢支持「推」也是在放飛自我

最重要的是，花錢可以滿足我們想要做一點傻事的心態。人生在世，每天都要遵守一堆教條和規範，非得活得清廉正直不可。這是身爲社會人士必須遵守的常識，但偶爾我們也會想擺脫這些束縛，去幹點蠢事。

花錢就是滿足這類欲望的最佳手段。花錢去買沒用的東西，不去在意周圍的目光，最好買一些連自己也覺得沒用的東西，那就更爽了。花錢支持「推」來滿足這種欲望，稱得上是一種極致的雙贏關係。

打開抽屜看到那些沒在用的偶像周邊商品，我也覺得自己太浪費，好比一時興起購買的胸章，還有根本用不到的杯墊等。尤其在這個時代，至少要存六百萬才能安心退休。等我成爲銀髮族，肯定會後悔自己沒有多存一點錢。不過，整天煩惱還沒發生的未來，這不也是一種詛咒？

不是我要自誇，我從小就是好學生，從來沒有翹課跑到屋頂上，也沒有偷跑出校園玩耍，更沒有跟人家打過架，這些壞事跟我完全無緣。最近才深刻體認到，花大錢支持喜歡的「推」，是我可以稍微解放自己的時候。

爲什麼阿宅都要去參與現場活動？

想親身感受「推」的才華有多暴力

阿宅是一種很喜歡參與現場活動的生物。

所謂的現場活動，是指大小演唱會、粉絲見面會這類能直接見到「推」的活動，一般來說是偶像宅使用的字眼，現在有比較廣泛的定義，演員的舞臺劇也算現場活動。

現場活動是阿宅不能缺席的戰場，其中又分每場必到的「全勤派」，以及不惜砸下大筆交通費和旅館費的「遠征派」。現場活動總是充滿阿宅的愛與熱忱，我們會參考活動日期來安排行程，計算自己能花多少錢，這在宅圈並不罕見。

那麼，阿宅爲何如此熱中現場活動呢？

說穿了，就是想見自己喜歡的偶像明星嘛。電視和手機看得再多，終究是隔著螢幕觀賞。

而現場活動沒有任何隔絕和阻礙，你喜歡的「推」就在視線前方。那種激動的感覺是無可比擬的，能夠吸到喜歡的「推」吐出來的二氧化碳，這種感動只有在現場才體驗得到。

阿宅喜歡參與現場活動的三大精神

其實細究下去，想見到自己喜歡的「推」，當中還有更複雜的欲望和糾葛。

首先，阿宅都有一種被虐精神，想要被自己喜歡的「推」震懾。平常在生活中很難體驗到那種感覺。這就好比你去觀賞尼加拉瀑布、聖彼得大教堂才有的感動。親眼見到自己喜歡的偶像明星，你會亢奮到說不出話來，全身熱血澎湃。親身感受「推」的才華暴力，是全天下最爽快的事，只有「推」能帶給你這種體驗。因此，阿宅必須參與現場活動。

再來是一種家長精神，你會想見證自己喜歡的「推」有多少成長。現場活動不管參加幾次，永遠都會有新的體驗。就算上演的是同一齣舞臺劇，不同的公演也會有微妙的差異。尤其新生代演員的演出經驗越多，演技就會越精湛。你可以清楚感受到更纖細的情感脈動。

演員稚嫩的時期一眨眼就過去了，錯過就再也看不到。我們阿宅深知這個道理，所以才想親臨現場，將那英姿深深烙印在心底，那是再多照片也拍不下來的回憶。

最後則是奉獻精神，阿宅不參與現場活動，喜歡的「推」便無法在這一行生存下去。底下觀眾席空蕩蕩的看起來很尷尬，這是最現實的問題，主辦單位也會認爲你喜歡的「推」不受歡迎。當你看到網路酸民嘲笑你喜歡的「推」沒人氣，那股辛酸是外人難以想像的。把觀眾席坐滿的使命感，就是鞭策阿宅的動力。自己喜歡的「推」舉辦活動，如果位子沒有坐滿，這對某些阿宅來說是奇恥大辱。

生命有寄託的人特別強大

崇拜心理、保護欲、使命感，現場活動夾雜了阿宅複雜的心情。除了這幾點之外，我參加現場活動的另一個理由是，那可以帶給我一種活著的感覺。在平凡無奇的單調生活中，我們很難感受到自己活著。每天就是渾渾噩噩過日子，品嘗著小小的確幸和悲傷。

不過，參加現場活動會爲你帶來活著的感覺。你會清楚感受到自己在呼吸，感情也發揮正常的機能。全身的毛細孔跟著綻放，熱量自毛細孔傾洩而出，每個細胞都在躍動。你跟朋友開心喝酒或是完成大型工作，也不會有那種暢快體驗。所有參與者生龍活虎，雙眼閃閃發亮，對我來說那就是聖域。

全身上下都感受得到大家綻放出來的生命力，這就是參與現場活動的樂趣。有這種生命寄託的人，心理素質特別強大。

現代人的生活太壓抑了，只有去參與現場活動，才能盡情舒展自己。你可以盡情去享受快樂，這是一段彌足珍貴的時光。因此，我不惜排除萬難也要參加現場活動。

「推」是人生中的預定行程

「推」的行程就是我的行程

總之，**有了喜歡的「推」以後，我終於懂得享受生活了**。

套一句時下年輕人的說法，我的人生解析度確實上升了。過去人家問我最近在幹嘛，我的答案永遠是工作兩個字。現在我會說自己參加了哪些現場活動，順便介紹喜歡的「推」演了什麼角色。接下來就聊活動舉辦的地點，還有到當地旅遊的經歷。比方說旅館的 SPA 很舒服、最近很喜歡去澡堂泡澡等。

平凡的日子久了，感覺每天都過得差不多。在同一個時間起床，吃差不多的東西，去公司上班，下班回家睡覺。這種一成不變的生活，眞的會讓人了無生趣。自從有了喜歡的「推」以後，每天都是嶄新的一天，昨天是雜誌的發售日，後天是預約門票的日子，以及其他小型現場活動的日子。沒有一天過得渾渾噩噩。

早上起床懶洋洋的不想工作，但只要想到自己的「推」也在努力，我就能咬牙撐下去。就算彼此生存的世界不同，至少都活在同一個星球上。所以從宏觀的角度來看，我跟「推」也算是同居在一起的（我亂講的，別理我）。

「推」吐出的二氧化碳，說不定就混在我呼吸的空氣裡。換句話說，充滿廢氣的都市空氣，就跟阿爾卑斯山頂的空氣一樣清新。

「推」確實滋潤了我的生命。不過我很難用簡單的一句話，來準確形容那是種怎樣的存在。你可以說那是我活下去的理由，但這似乎太沉重了。不消說，有些人眞的把「推」當成自己活下去的理由，我也沒打算否定那些人（我甚至很景仰他們）。只是，我的觀念比較消極，光是活著都會擔心自己給人添麻煩。被我這種人當成活下去的理由，那些偶像明星應該會覺得很困擾吧，誰叫我那麼沉重。

我希望跟「推」保持適當的距離感。所以，重新思考了一下「推」在我心目中究竟是什麼樣的存在？

各種「預定行程」給我活下去的動力

「推」對我來說是一種「預定行程」，當然這只是一個暫定的答案。我從以前就是這樣，有「預定行程」才會過得精采。大一點的預定行程就是找朋友一起去海外旅遊，小一點的則是週末跟朋友一起喝酒。有了這些快樂的預定行程，我才願意努力活下去，或是盡量把自己打扮得人模人樣。

支持喜歡的「推」也有同樣的涵義。參加現場活動算是最開心的預定行程，至於平常諸事不順的日子，我會想在工作結束後泡個澡，然後邊喝酒邊看「推」的DVD，這也是一種預定行程。這些「預定行程」給了我繼續活下去的動力。

老實說，長年來自己一個人生活，你不會有那種爲了家人努力工作的計畫。你會迷失方向，不曉得工作的意義是什麼。不過，有了喜歡的「推」以後，人生路上會留下一個又一個的預定行程。**享受完快樂的預定行程後，你會繼續咬牙苦撐，撐到下一個快樂的預定行程到來**。我在行事曆上，輸入了「推」的活動行程，那就是我的人生指標。

第二章
「宅」不需要意義

要求回報只是自討苦吃

阿宅必須不斷告誡自己，不要有太強的占有欲

阿宅當久了，也是有清醒的時候。

好比看到當月的信用卡帳單，你會懷疑自己的信用卡被盜刷。但每一筆帳核對下來，亂花錢是不爭的事實，你會被自己有病的金錢觀嚇個半死。參加完現場活動以後，你心滿意足地踏上歸途，結果打開臉書，看到成家立業的好朋友跟家人和樂融融地烤肉，你也會很想死。年紀老邁的父母也看開了，再也不會對你說成家立業的話題。

你不禁開始思考，這樣的生活能持續到什麼時候？

說穿了，當阿宅是沒有任何回報的。你花了再多錢，也不會有一絲報酬。想追求報酬的話，建議你買一些小額投資還比較好。

你拚命支持喜歡的「推」，對方終究跟你毫無瓜葛，既不屬於你，也不可能對你言聽計從。應該說，**從你奢求回報的那一刻起，就註定墜入地獄了。**

孩子都不聽父母的話了，更何況是「推」

花了這麼多錢、參加這麼多現場活動，得不到任何回報，難免會有怨言。但請不要忘記，支持「推」是你自己心甘情願，沒有人強迫你。

當然，偶像明星偶爾也會講一些動聽的話，拜託粉絲多多支持他們，你也很難說都是阿宅的問題，但人家是在做生意。聽到自己喜歡的「推」那樣講，就算再忙也會努力擠時間去參加活動，或是買好幾本根本不看的寫真集。然而，是你自己決定那樣做的，是你想做才花錢花時間支持對方的。

所以，萬一日後你發現對方是人渣，或是突然閃電結婚宣布引退（光想就可怕），你也沒資格抱怨。如果你覺得這樣不划算，那乾脆拿錢去買黃金保值好了。「推」帶給我們的歡樂時光和幸福，光是這些好處，花下去的錢都算值得。

我很喜歡一部日本電視劇叫《冷暖人間》，特別喜歡初期的劇情，從小學時就在看。山岡久乃飾演的岡倉節子，說過這麼一句名言：

「養兒一點用處也沒有。」

有些讀者可能沒看過《冷暖人間》，我稍微說明一下。這部戲是講岡倉夫妻和五個女兒互動的家庭倫理劇，五個女兒都已經長大嫁人，平常忙著工作。女兒結了婚就是夫家的人，她們跟婆婆吵完架，經常跑回去找媽媽哭訴，但最後還是會乖乖回夫家。節子每次都抱怨養兒吃力不討好，算是這部戲的招牌臺詞。因此，我從小就明白一個道理，再親的親人都不會乖乖聽我們的，更何況是旁人。

我在支持「推」的同時，始終謹記那齣戲的教訓。

生一個孩子養到大學畢業，少說要花上一千萬元吧。花這麼多錢的兔崽子都不聽話了，支持喜歡的「推」得不到回報也實屬正常。在你踏上阿宅的修羅道之前，請先用毛筆抄寫下列的名言一百次。

「縱使付出所有，『推』也不會屬於你。」

認眞思考關於外貌這件事

阿宅看臉選擇服從的對象

現在這個世道，大家都不太敢對別人品頭論足。反對外貌歧視的風氣日盛，以貌取人不是好事。單純被對方的外表吸引，大家會覺得你是一個不看內在的草包。

簡單說，在這個時代你不太敢承認自己是外貌協會。不過，請容我大聲地說一句。

我就是喜歡「推」的外貌。

喜歡一個人的長相，意味著你對那個人的無條件投降。說再多理由，都比不過我們對外貌的喜好。阿宅也是有七情六欲的人，「推」比較少露面時，我們難免也會喜歡上其他人。偶像明星們似乎也看透阿宅花心的本性，常在ＩＧ分享自拍照。一有新的自拍照，我就會花兩個小時死盯著手機螢幕，對那張俊俏的臉龐發花痴。

「美女看久了也會膩」，這句話絕對是唬爛，有本事你拿證據來說服我。喜歡的「推」眞的是百看不厭，要不是國民有勞動和納稅義務，我肯定整天龜在家裡，把所有時間都拿來觀賞「推」的外貌。看得越久就越喜歡他們的臉，那清秀的柳眉、輪廓清晰的雙眼皮、恰到好處的上下唇比例，還有發笑時隱約可見的小虎牙，每一項都無可挑剔。我喜歡的「推」要是晚上潛入美術館，僞裝成米開朗基羅的大衛像，也沒人會察覺異狀吧？

網路是很可怕的東西，稍不注意你喜歡的「推」就會上傳一堆新的照片，跟源源不絕噴發的油井一樣。這輩子我是當不成石油王了，但喜歡的「推」不斷有照片推陳出新，我的心情就好比住在阿拉伯宮殿的石油王。

晚上睡覺的時候，我會用手機搜尋「推」的名字，看著滿螢幕的圖片入睡，睡眠品質眞的完全不一樣。有人說睡前照到螢幕的藍光，會影響睡眠品質，我想那一定也是唬爛，不然你拿證據給我看。好啦，這個說法應該是有真憑實據，但請容我加上一句：「看『推』的照片例外。」

同樣是睡前看照片，看自己喜歡的臉眞的特別有效，那威力就好像火箭筒和小水槍的差異。不合胃口的俊男美女對我拋媚眼，我只會遞上手帕，讓他們把眼屎擦乾淨。喜歡的「推」對我拋媚眼，內心的魔鬼終結者會扛著火箭筒發射。人不可貌相的道理大家都懂，但道德觀念還是抗拒不了本性，外貌的強大無人能比。

外貌協會的力量能提升稅收和經濟

遺憾的是，人心複雜的程度非我們所能想像。大部分年輕貌美的演員不喜歡被稱爲帥哥美女，而是希望大家欣賞他們的演技。聽別人稱讚他們的美貌，很少有人會欣然接受。

可是，請不要誤會，我們阿宅也是會看內在的。好比他們面對工作的態度，待人處事的方法，還有那動人心魄的演技，我們也喜歡得不得了。

重要的前提已經講過了，請容我再說一次。

我真的很喜歡「推」的臉啊！

這句話是阿宅的服從宣言，全世界有七十億人口，要在這麼多人當中找到自己酷愛的五官，簡直是奇蹟。眼、耳、口、鼻全部正中好球帶，甚至以完美的比例搭配在同一張臉上。我要是達文西，一輩子再也不畫其他畫作了；我要是著名詩人，整天寫詩讚頌「推」就飽了。因此，請各位帥哥美女接受我們阿宅的讚賞吧。

也不光是藝人明星如此，基本上承認自己是外貌協會，世人就會把你當成一個只看外表的膚淺之輩。不過，請不要小看外貌協會的威力，光是看到自己喜歡的臉孔，就可以戰勝各種狗屁倒灶的事，刺激你的工作欲望和勞動表現。勞動表現提升，薪水自然增加；薪水增加，繳的稅也會變多，對國家經濟大有貢獻。外貌協會對全世界是有利無害。

因此，我每天晚上都會看「推」入睡，感謝他們的父母生下如此俊美的孩子。謝謝你們生下我喜歡的「推」。

外貌不是菜的「推」，力道更驚人

難以脫身的宅坑

念小學的時候，我深信所有的問題都有解答。

一加一等於二，使用串聯電路的馬達轉得比並聯電路的馬達快，一四九二年是哥倫布發現新大陸的年份。我相信世上沒有解不開的謎團，認真念書一定能找到所有答案。

不過，長大成人後才發現，這世上多的是你想破頭也想不通的問題。支持「推」也有類似的問題，每當我喜歡上哪個偶像明星了，就會靜下心來問自己——我到底喜歡這個人什麼地方？

前面講到外貌的問題。外貌喜好的道理很單純，我喜歡那個人的臉，所以選擇支持他，一翻兩瞪眼。這道理比名嘴的解析還好懂。

真正麻煩的是長相不合胃口的「推」

除了長相合胃口的「推」以外，還有一種是長相不合胃口的「推」，這種才是眞正麻煩的類型，因爲你不曉得自己到底喜歡對方哪一點。你從以前就知道那個人，直到某一天突然喜歡上對方，而且難以自拔。這才是最可怕的地方。

那個人的長相不是你的菜，看得越久，這種不合胃口的感覺就越強烈。以前根本不會喜歡上這種人，結果卻不知不覺喜歡上了。套一句魯邦三世錢形老爹的說法，那傢伙偷走了非常重要的東西，那就是你的心。

「長相合胃口」是很簡單的道理，就跟基本的加減乘除一樣。不過，「長相不合胃口」卻又喜歡到難以自拔，這就跟複雜難解的高等數學一樣，根本是難度過高的爛遊戲。但越難解的謎題，阿宅就越想知道答案，到底這當中的原理是什麼！

我舉自己的例子簡單說明一下。泰國有一部電視劇叫《愛情理論》（沒看過的讀者，請先搜尋關鍵字「OffGun」，再看以下的文章）。

這是一個令人心疼的愛情故事，劇中 Third（編按：由 Gun 飾演）喜歡上自己的好友 Khai（編按：由 Off 飾演），但 Khai 完全沒察覺到 Third 的心，還不斷跟其他人交往。Khai 是個爛到爆的渣男，一看到喜歡的女孩子就非勾搭不可，分手也是說甩就甩。而且，他對自己的外貌十分自傲，老實說我完全不喜歡他的長相。

我比較喜歡 Third 那種眉清目秀的可愛長相。Khai 是單眼皮搞笑臉，我不喜歡他的長相和個性，每次在電視上看到他，都會氣到破口大罵。

奇怪的是，那齣戲看到後來，我反而越來越喜歡 Khai。那傢伙的長相和個性都不是我的菜，但看久了還滿討喜的，會想替他加油打氣。這就好像宮崎駿動畫《心之谷》的女主角，一開始也很討厭男主角，後來還是喜歡上對方，想為他付出一樣。

這是一種難以解釋的心理現象，也是長相不合胃口的「推」最可怕的地方。我本來不喜歡那個飾演 Khai 的 Off（編按：泰國演員鐘朋・阿盧迪吉朋），現在卻喜歡得不得了。連那張不合胃口的臉，也是越看越討喜。現在我看到 Off 的新片預告就會歡欣鼓舞，彷彿久旱逢甘霖。

我自己也不明白，究竟他什麼地方吸引我。如果長相合我胃口，還可以用一句愛到卡慘死帶過。偏偏他完全不是我的菜，這才是最難搞的部分。既然長相不是喜歡的理由，那就只剩下才華或性格了。人的長相會隨著時間而改變，總有一天我們會推不下去；才華和性格卻不會隨著時間劣化，被這種要素吸引到，就再也沒有脫身的機會了。

不再以貌取人後，我終於明白杉菜的心情

被內在吸引最可怕的地方在於，你會在無形中喜歡上對方的長相，即使那長相並不合你的胃口。像我本來喜歡水汪汪的大眼睛，現在卻認爲瞇瞇眼超級可愛。看到Off在鏡頭前對著我揮手，就會感動到淚流不止，簡直有病。

這有點類似杉菜的心境，明明喜歡花澤類，最後卻被道明寺整碗端去。過去我在追連載的時候，還痛罵杉菜沒眼光。如今我三十有七，終於明白杉菜的心情。對不起，杉菜，是我錯了……

長相合胃口的「推」，你可以當作偶像來崇拜；但長相不合胃口的「推」，那就是眞愛了，危險程度無法相提並論。去深究那種感情，只會讓自己越陷越深，奉勸各位最好懸崖勒馬、回頭是岸。不然你大概會跟我一樣，每晚入睡前都要搜尋一大堆圖片，一個人看著喜歡的「推」發花痴。

如何稱呼「推」是一大哲學問題

太親暱的稱呼，心臟會受不了

我不敢直呼「推」的姓名。

正確來說，我不敢直呼「推」的名字。感覺直呼對方的名字，會瞬間拉近彼此的距離，好像多了一個男朋友一樣。這種過從甚密的感覺，讓我不由自主在心中設下防線。

我曾經幻想過，在「推」的名字上方加個「小」字，叫起來會是什麼感覺？這樣稱呼自己喜歡的「推」，總覺得我們變成了同班同學，太親密了。試想，穿著立領學生服的「推」，在教室後面跟同學互丟橡皮擦。橡皮擦不小心飛到我腳邊，我幫忙撿起來，

「推」跑來我身邊，對我深情道謝。光想到這樣的場景，我就快爽到內傷暴斃了……受不了啊……

有些讀者可能會想，那把「小」字加在姓氏前面不就得了？但這種稱呼方式，很像一個剛到新單位的後輩，需要前輩照顧一樣。試想，兩個人在大熱天出去跑業務，到星巴克休息吹冷氣。對方點了一杯甜死人不償命的飲料，我意外地看著他，他露出靦腆的笑容，說自己有多喜歡吃甜。一想到那靦腆的笑容，我的心也頓時進入盛夏……

我們阿宅別的沒有，想像力鍛鍊得特別強大，因此對我們來講，如何稱呼自己喜歡的「推」是關乎存亡的問題。目前最好用的叫法，是直接稱呼全名不帶敬稱，但這種過於簡約的稱呼方式，又顯得有些生疏。呃，當然我們彼此素昧平生，生疏也是應該的，只是這種稱呼方式聽起來怪寂寞的。

講到這裡我就想起了 Mr. Children。有一陣子我很喜歡去看他們演唱會，音樂人的演唱會也有一些難搞的部分。比方說，每唱完一首曲子，觀眾都會歡呼，粉絲們會各自高喊自己喜歡的「推」。我也跟大家一樣，想要高呼主唱的名字。好歹我以前加入過戲劇社，對丹田發音頗有自信。當我深吸一口氣，準備放聲大喊主唱姓氏的時候，我整個人愣住了。

直呼「推」的姓氏?!

我這種卑微的小人物，哪來的資格直呼人家的名諱呢？我知道這一切是自己想太多。可是，我粗野難聽的嗓音，萬一傳入對方高貴的耳朵裡，豈不是犯了大不敬之罪？所以我完全沒有喊出聲，只有嘴巴動個不停，活像一隻被撈上岸的鯉魚。

反正我就是這副死樣子，所以很羨慕那些有知名綽號的藝人。好比及川光博，叫他一聲阿光，感覺他也會用親密的方式稱呼你。你叫中島健人KENTY，他大概會深情款款地叫你的名字（純屬個人印象）。

如果我喜歡的「推」也有知名的綽號就好了……想是這樣想，萬一他們真有可愛討喜的綽號，我會被萌到屍骨不存的地步吧。

把「推」當成一個概念

為什麼我都直呼「推」的全名呢？主要是這種稱呼方式，可以把「推」當成一種單純的概念。就好比織田信長、凱文．科斯納、林遣都（編按：在日劇《大叔的愛》中飾演「牧凌太」一角而爆紅）那樣。

當然，「推」跟我生活在同一個世界，是有血有肉的活人，這一點我非常清楚。不過，太認真去思考他們的真實性，我的腦袋沒法處理那麼多資訊。因此，我想先把他們從現實抽離，當成一種概念來看待。

正確來說，**直呼全名就是把喜歡的「推」當成專有名詞**。比方說林遣都，你直接叫他林先生，感覺像在叫區公所的公務員。林遣都的名字比較特殊，幾乎是專有名詞的級別，但應該也不算獨一無二。然而，直接叫「林遣都」，你會很清楚我指的不是其他阿貓阿狗。這跟加了敬稱或親暱的稱呼方式不同，有一種不可侵犯的神聖性。

而且，把「推」的名字寫在筆記上，唸出來感受音律，也是一種樂趣。短短幾個字，短短幾個母音和子音的串聯，就有一股甘美的氣息。推的名字是足以讓阿宅心靈春風蕩漾的猛藥。

想當賢妻良母幫喜歡的「推」送禮

下輩子立志成為「推」的賢內助

阿宅一有機會就想送禮。

送禮只是一個慣用說法，真正的用意是表達感謝的心意。總之，整天把送禮掛在嘴邊是阿宅的風俗。近來，叫對方公布願望清單或銀行戶頭，也是阿宅慣用的詞句了。總之，我們阿宅是一群動不動就想進貢的神經病。

這種酷愛送禮的精神，要是只用在喜歡的「推」身上也就罷了。最可怕的是，我們阿宅送禮還亂送一通。把「推」打扮得美美的造型師和化妝師，自然是不在話下；把

「推」拍得美輪美奐的攝影師，也在送禮的對象之列。給「推」演出機會的製作人，乃至「推」經常光顧的餐廳，也都是我們想送禮的對象。禮品買再多也不夠，阿宅就是這麼喜歡送禮。

簡單說，我們也不知道該對誰表達感謝，只好把這股盛情寄託在送禮的行爲中。不過，事實眞是如此嗎？眞的只有這樣嗎？

有機會就以「推」的內人自居

我個人的答案是，阿宅之所以想送禮給「推」以外的人，除了那些人特別照顧「推」之外，一方面也是我們想要以內人的身分自居。

這種心境有點類似女明星藤原紀香，她是歌舞伎演員片岡愛之助的老婆。在丈夫身旁不會表現得太搶眼，總是穿著一襲典雅的和服，乖乖站在丈夫身後，對丈夫的支持者溫柔微笑。身上的氣場沒有以前當紅時那麼強烈，也不特別凸顯自己的女性魅力，只有相夫教子的幸福和喜悅。說實話，我超羨慕藤原紀香的。下輩子投胎轉世，我也想成爲

「推」的賢內助。

想要幫喜歡的「推」送禮，應該也包括這種賢內助的心情吧。嚴格來說，阿宅和喜歡的「推」一點關係也沒有，根本沒那個立場代替送禮致謝。所以，當你看到阿宅幫自己的「推」道謝，就可以看出他們想以內人的身分自居。

阿宅整天提醒自己，要跟「推」保持適當的距離。結果咧，實際表現出來完全不是這麼一回事。我們也知道這樣臉皮有點厚，但阿宅想幫「推」送禮致謝，說穿了就是我們只能花錢來幫助喜歡的人。反正也沒有其他表現關愛的方法，破財就成了唯一的討好手段。那種感覺就像一個老母親，在孩子長大後仍然一直給零用錢一樣。明知如此，走上阿宅這條不歸路的人，還是克制不住想替「推」送禮的激情。

順帶一提，我對自己的上司沒在送禮的，連一張賀年卡都沒寄過，別見怪啊。

爲善不欲人知的阿宅心

不敢幫「推」按讚

人類有強烈的認同需求，我們都想獲得其他人的認同，享受被大家需要的感覺。這是很自然的心態，多數阿宅也希望「推」認同自己，這或許是一種罪孽深重的本性吧。「推」是住在雲端上的人物，阿宅卻希望「推」關注自己，記得我們的長相和姓名。對某些阿宅來講，這是一種身分的象徵。他們爲了在「推」的心中留下印象，頻繁參加各種見面會和握手會。

對我來說，這種想被關注的欲望非常可怕。我寧可當一個不被關注的阿宅。

爲什麼我不想被注意？請各位跟我一起認眞思考一下。首先，這關係到我十分扭曲的自我意識，我不敢傷了「推」的眼睛。

像我這樣的阿宅，幾乎是把「推」當神在拜。跟「推」見面的時候，應該說「晉見」才對，直接講見面未免太過不敬。隔著一層薄薄的帷幕晉見「推」，只看到一點模糊的身影，我反而會比較安心。

我就是個妄自菲薄的阿宅，有我這種粉絲對「推」絲毫沒有幫助。因此，「推」允許我提供支援，就要感恩戴德了。

這就好像偷偷在一旁守護，不敢給「推」添麻煩的心態吧。彷彿一個失蹤多年的母親，只敢躲在柱子後面，偷偷看著鎂光燈下的兒子，不敢出面相認。我不敢當著「推」的面，承認我是他的粉絲；就算有機會一起拍照，我也絕對不敢。

我甚至不敢到他們的推特或臉書按讚，ＩＧ留言更是不可能。當然，按讚的人成千上萬也不缺我一個，我也知道那些明星偶像根本不會一一細看。ＩＧ上的留言馬上就會被洗掉，我很清楚沒什麼好計較的。

既然如此，爲何我還是看不開呢？一方面是我不想被關注，另一方面是我害怕在「推」的面前失態，死也無法接受。比方說，我一看到「推」就會發出三八的尖叫聲，表現出一副嬌羞的樣子，自以爲跟少女漫畫的主角一樣可愛，但實際上發出來的是大叔的嘶吼聲，臉紅的樣子也就是一個自嗨的阿宅罷了。如果我是七龍珠的餃子，一定會立刻選擇自爆謝罪。

「推」是神聖的，我眞心希望他們只看到美麗的事物。我無法不去想像，自己在那晶瑩剔透的雙眸中，會是多麼汙穢的存在。

我想成為「推」的墊腳石

再進一步思考，爲什麼我害怕得到關注呢？因爲這是深陷地獄的第一步。假設我得到「推」的關注，到時候占有欲會不斷膨脹，想得到更多的關注和厚愛。明明我只是無數粉絲的其中一員，卻妄想成爲最特別的那一個。

到頭來我會以被害者自居，認爲自己付出許多，應該得到更多的關愛。我知道自己是情念深重的人，所以才會苦口婆心勸誡自己，不可以跨越那一道界線。

身爲阿宅，應該時時刻刻警惕自己，支持「推」是我們心甘情願，人家沒有欠我們什麼。有那個榮幸支持，就該感到知足了，不要再奢求回報。

我唯一的心願，就是希望自己的「推」身心健康，專心投入他們喜歡的工作。演藝圈是一條征戰不息的修羅道，要爬上頂點只能一步一腳印前行。**我願意成爲「推」的墊腳石，要是他們踩著我的背往上爬，最後成爲無法企及的存在，我就可以與世長辭、了無遺憾了。**

這就好像一對母子失散多年，母親憑著手中唯一的照片，回憶短暫的親子時光。當我喜歡的「推」成爲一般人難以接近的大人物時，我會看著滿坑滿谷的雜誌和商品，爲他們的成就感到開心。我期許自己成爲這樣的阿宅。

比愛上「推」更有病的阿宅思維

「推」不屬於我沒關係，但也不能屬於任何人

宅界有一個詞彙叫「眞愛『推』」。

也就是眞心愛上自己喜歡的「推」。

我對喜歡的「推」始終抱持著一種老媽子心態，並沒有發展到戀愛的感情。不過，我一介陌生人以老媽自居，對眞正的母親來說未免太過失禮。我比較像是照顧寄宿生的歐巴桑。宿舍歐巴桑每天辛苦煮飯，幫寄宿生洗衣服，只求他們吃飽睡好。我就幻想自己是這樣的歐巴桑，讓「推」過上衣食無虞的幸福生活。只要能看著自己的「推」走紅，我就很幸福了。我也一直相信，這才是阿宅和「推」的雙贏關係。

無奈，我終究只是個欲念深重的阿宅，不是德蕾莎修女。在我貧瘠的腦容量中，找不到「無償的愛」這幾個字。我讓喜歡的「推」過得那麼滋潤，自然會想得到回報。眞要細究這種索求回報的心態，說穿了其實很接近戀愛的情感。

請各位閉起眼睛想像一下，把「我的『推』」講成「我的摯愛」，心中是不是會泛起一股激情？所謂的動人心魄就是這麼一回事。全身上下的血液都集中到臉部，整張臉頓時變得紅通通，四肢開始痲痺，喉嚨也乾渴難耐，心跳就跟搖滾樂的鼓聲一樣狂烈。搞笑節目主持人看到我這神經的模樣，大概會問我是不是墜入情網吧？

是的，這就是墜入情網。同時，我會反問自己一個問題，我一個小人物有什麼資格喜歡人家？同爲蛋白質和水分的生成物，是我跟「推」的唯一共通點。跟高貴的「推」比起來，我憑什麼以人類自居？這種想法太不敬了，會想痛罵自己一頓。

說自己眞心愛上「推」的人，眞該撒泡尿照照鏡子。這就好比發瘋買一大堆廣告版面，說明自己爲何喜歡「推」一樣沒有意義。

講白了，我自願當一個照顧人的歐巴桑，只是要避免行差踏錯。因爲我比任何人都清楚，只要再進一步，就會無法自拔地愛上「推」。然而，眞心愛上不該愛的人，是非常痛苦的事情，所以才會催眠自己，乖乖當一個照顧人的歐巴桑就好。

我沒有的機會其他人也不該有

我的自我肯定感眞是低到可悲的地步，但我又反問自己一個問題。假如我眞的成爲配得上對方的人物，我會把「推」視爲戀愛的對象嗎？答案是否定的。好啦，我知道全國讀者大概會想拿刀砍我，到底哪來的勇氣這麼自戀。請先別激動，我也有當政客的潛力，政客都是要大家有話好說別激動嘛。

我每天都會追蹤自己喜歡的「推」，看看他們有沒有什麼新的訊息。每一篇訪談報導我都看得非常仔細，有記者會問一些很蠢的問題，好比藝人喜歡什麼樣的對象？交往以後會有什麼樣的反應等。最可悲的是，我明知道那是蠢問題，卻又想深入了解「推」

的戀愛觀，因此內容幾乎倒背如流。我甚至可以上維基百科，整理這三年來他們喜歡的類型有何轉變。

將這些因素考量進去，我其實很清楚「推」不適合成爲戀愛的對象。你想，那些人在家裡肯定不會主動做家事。偶爾可能會體貼一下，幫你洗個碗之類的，但在洗碗時也不會先把菜瓜布的油汙清乾淨。廁所的衛生紙用完了，他們會幫忙換新的衛生紙，但舊的捲筒或空袋子就放在原地，也不曉得拿去丟掉。這是要怎麼一起生活呢？

轉念及此，我想還是把「推」放在心裡尊重就好，這又回到一開始的結論，**「推」就是可遠觀而不可褻玩的存在**。可話說回來，這種難以平復的心情，究竟是怎麼一回事？說穿了，我沒想過要占有「推」，所以占有欲沒那麼強烈。不過，阿宅表面上看似理性，內心卻有另一個念頭。**「推」不屬於我沒關係，但也不能屬於其他人。**

我非常清楚自己在「推」的生命中根本沒有出場機會，但也見不得其他人出場。平日裝得一副知所進退的樣子，心裡卻又見不得人好，就某種意義來說，我比那種眞心愛上「推」的阿宅更糟糕。這種厚顏無恥的心態，似乎也讓我的阿宅之路變得更加艱辛。

你想不想看到「推」的鹹濕戲碼？

當「推」的第一個女人？還是最後一個？

這世上有兩種「推」，一種你會想看他的鹹濕戲碼，另一種則否。

想不想看「推」的鹹濕戲碼，這種南轅北轍的感情並非無法共存，在同一個人格中還能完美共存才是最可怕的地方。比方說，有的「推」你會死命對他敲碗，求他多演一點鹹濕劇情；有的「推」你寧可去死，也不願看到他演床戲。

這兩種差異是怎麼來的？

直覺上來講，我覺得最大的差異在於，你有沒有真心喜歡上那個「推」。如果你真心喜歡上自己的「推」，那他的床戲會對你的心靈造成爆擊。看到喜歡的「推」上演親密動作，你會流口水還是吐血，決定了未來的命運。

難就難在，有些「推」你並沒有愛上他，但還是不想看到他演床戲。這麼扭曲的心態我自己都嫌煩，如此複雜的情緒又所爲何來呢？解決這道鳥問題也得不到諾貝爾獎，不過還是認眞思考一下好了。換句話說，有些「推」，你會希望他一輩子保持純潔，這個假設應該相去不遠。

對一個活人的性經驗指指點點，是非常失禮的一件事，但我願意背負這份罪孽，深入談論這個話題。

有一個說法常用來比喻男女的戀愛觀念差異，男人都想當伴侶的第一個男人，女人都想當伴侶的最後一個女人。或許這樣的道理，也適用在「推」身上吧。世上的「推」分兩種，一種你想當他的第一個女人，另一種你想當他最後一個女人。從這角度來推論的話，就不難理解爲何阿宅對床戲糾結了。

也就是說，若你看到「推」的鹹濕劇情會崩潰，代表你想當「推」的第一個對象。

最好他一輩子保持處男之身，永遠不食人間煙火。反之，若你希望「推」多演一點床戲，代表你想當他的最後一個對象，只要他最後屬於你就沒問題，前面怎麼花天酒地都沒關係，經驗豐富一點也無所謂。

「推」不可能永遠保持純潔

按照上面的區分方式來看，可以發現這兩種完全不同類型的「推」，如何在阿宅的心中共存。

當然，前面所說的「處男」，並不是指實際的性經驗如何，而是指「概念上的處男」。這該怎麼說才好呢？處男不是都有一種溫吞的氣息嗎？跟繁華的鬧區相比，這類型的「推」更適合在平靜的公園享受日光浴。他們童心未泯，會認眞陪親戚的小孩玩耍，一臉天眞地吃著零食。這樣的特質也是阿宅欣賞的重點。而床戲會讓你覺得這片永恆的淨土即將覆滅，這才是最可怕的地方。**殘酷的現實不斷提醒你，世上沒有彼得潘！只有在玩具反斗城裡面，你才能說自己不想長大！**

「推」也是有血有肉的活人，年紀大了總要嘗試一些新角色。曾經俊俏秀麗的瀧澤秀明，現在也練成了魔鬼筋肉人。那滑嫩的肌膚、苗條的手臂、平坦的胸膛，早晚會消失的。然後，那個曾經不食人間煙火的「推」，會一邊享用啤酒和下酒菜，一邊說出他喜歡女性脫衣服的姿勢。阿宅聽到這麼具體的煽情答覆，真的只有想死而已。

換句話說，有的「推」你希望他永遠保持純潔，但床戲就跟幕末的黑船來襲一樣，會強迫你開國通商。阿宅的腦袋會自動打響維新之戰，尊王攘夷派害怕自己喜歡的「推」打開全新戲路，維新派卻試圖打破鎖國政策，讓「推」走向全新的里程碑。

歷史上尊王攘夷派最後輸給了維新派，因此變化是不可避免的。達爾文也說過，能生存下來的不是強者，而是最聰明的人；求新求變才是生存的唯一本錢。

所以，當純潔無瑕的「推」開始演出一大堆鹹濕戲碼，也是阿宅該與時俱進的時候了，受不了的人先準備好強心劑吧。

一開始不擅長吻戲的「推」，總有一天會演出激情的吻戲，我們阿宅也該改變一下心願，期許自己成爲「推」的最後一個女人。

你想不想看「推」的裸體？

「推」的奶頭是都市傳說

你喜歡的「推」，早晚都要脫的。這麼簡短的一句話，就能把你的心碎成千百塊。身爲阿宅，會定期碰到「推」的露出面積問題。

那些膚淺的奸商總以爲阿宅看到賣肉情節就會感到興奮，我個人是嗤之以鼻的。不可否認，「推」的裸體是活生生的藝術品。那挺拔的胸膛、線條分明的腹肌，都是男性才擁有的強韌美感。平常沒機會看到，偶爾露一下有非常大的破壞力。**欣賞不該欣賞的東西，阿宅都喜歡這種背德的感覺**。

不過，阿宅心中有更深一層的想法，露出面積不是越多越好。比方說，褲管下方露出的腳踝，還有伸懶腰時露出的肚臍，這些都是賣肉賣得少，價值卻很高的最佳典範。我好想開一輛宣傳車，到澀谷宣傳這種觀念，車身上還要印著「小露方爲性感」的斗大字樣。

賣肉的「推」跟不賣肉的「推」差在哪？

賣肉的「推」比較好，還是不賣肉的比較好？這是難以抉擇的問題。這場宗教戰爭也在我腦袋瓜裡打了好幾年，歷經多次十字軍東征後，終於有了一個結論，那就是「脫不脫要看人」。有的「推」露出面積越多，身上散發的費洛蒙就越強勁；有的「推」露出面積越少，反而越性感。這兩者的差異從何而來？接下來，請各位陪我思考一下，這個想通了也無三小路用的問題。

首先，你要看自己喜歡的「推」是陽光型還是斯文型的。陽光型的脫了也沒差，這種「推」過去求學時就有運動經驗，平常也有上健身房鍛鍊，除了體格看上去陽光健美外，心態也比較陽光外向。

簡單說，去澡堂不會遮遮掩掩、去烤肉或聽演唱會也敢打赤膊的人，就很適合賣肉。他們本身對脫衣服沒啥抗拒，讓大家看到千錘百鍊的肉體，甚至會感到開心。這是一種供需平衡的幸福狀態。

斯文型的「推」就比較麻煩了。一種是本人看起來眞的很斯文，另一種是阿宅擅自感受到斯文的氣息。你很容易聯想到他在圖書館的窗邊，閱讀文青氣息的作品，或是在枯葉紛飛的中庭拉小提琴。像這種「推」就會被歸爲斯文型，露出這兩個字跟他們極爲不搭調，最好多穿一點，扣子要扣到最上面那一顆。

偶爾這類型的「推」捲起袖子，手臂上的青筋就是很棒的下酒菜了。太過火的床戲或淋浴鏡頭，只會讓粉絲想翻桌而已，畢竟那跟眾人的認知差距太大。這就好像雪山救難隊發現遇難的登山客，想趕快給他們圍上毛毯一樣。

你把「推」當成偶像，還是活生生的人？

露出問題的另一個爭議在於，**你是把「推」當成偶像，還是活生生的人？**這裡說的偶像，其實是「概念上的偶像」。因此，**好好享受偶像提供的娛樂，這是阿宅該遵守的禮儀。當喜歡的「推」脫下上衣，就該興奮尖叫；當喜歡的「推」扭腰擺臀，就該崩潰哀號**。這嚴格來講不是小頭興奮充血，而是一種約定俗成的美感。這就好像老一輩的搞笑藝人耍寶，大家都會很配合地拍手一樣，好不好笑不是重點。同理，看到喜歡的「推」賣肉，阿宅就該讓自己的理性蒸發才對，沒必要講一堆五四三。

反之，你要是把「推」當成一個活生生的人，那露出就是很敏感的議題。就算你的「推」努力賣肉取悅，你也會思考一大堆很龜毛的問題。例如，是不是經紀公司強迫他賣肉？賣肉是不是有違社會觀感等。消費他們的性感會讓你心生愧疚，所以阿宅都希望自己的「推」好生自愛，衣服下的景象留給大家遐想就好。這就好像傳說中的未確認生物一樣，「推」的奶頭也相當於都市傳說。

等到眞正重要的場合，再做一次脫個乾淨俐落就好。我們會牢記那罕見的景象，連每一顆痣的位置都不放過，把那份甜蜜的回憶當作活下去的動力。

閨房與襯衫與我

為何阿宅要模仿「推」的穿搭風格？

曾經有一段時間，我很迷《大叔的愛》這部電視劇，簡直到了狂熱的地步。現在回過頭來看，我都懷疑自己是不是腦子進水。總之，連睡覺都會夢到。一想到幾位角色的戀情，我還在鬧區的路口痛哭流涕。因爲我是這麼有病，以至於劇中角色牧凌太穿的衣服，也統統買來穿在自己身上。

也不是只有《大叔的愛》如此，反正我只要腦充血，就會購買「推」穿過的服飾。我生平第一次買的飾品，是一個刻有 LOVE 印記的戒指，跟 Mr. Children 的主唱櫻井和壽手上戴的那款一樣。其實仔細想想就會發現，我根本不適合戴那種大型的戒指，但阿宅是一種容易失去判斷力的生物（可悲啊）。之前我很喜歡一部泰國電視劇，叫作《因爲我們天生一對》，劇中角色 Bright 穿的優衣庫 T 恤我也買來穿了……（開心吶）。

從少女漫畫剖析阿宅的心態

買官方推出的商品也就罷了，好歹一部分收益會進到「推」的口袋，可以讓他們過上滋潤的生活。這是很健全的老媽子心態。

不過，購買一模一樣的服飾，純粹是阿宅的自我滿足，對「推」沒有實質的幫助。阿宅明知如此，爲什麼還要跟「推」買一樣的東西呢？

說穿了，就是一種想要成雙成對的心態。情侶裝這個字眼已經落伍了，但類似的概念並沒有消失，只是換成了「雙胞胎」這個說法。**跟喜歡的對象穿同樣的服飾，會帶給大多數人安心的感覺，彷彿自己占有對方一樣**。然而，「推」是雲端上的人物，你有再多同樣的飾品，也改變不了只是粉絲的事實。

既然如此，爲何阿宅還是想要穿戴同樣的衣物和飾品呢？說到這裡，我就想到《夢幻遊戲》這部漫畫。《夢幻遊戲》是渡瀨悠宇創作的少女漫畫，在九〇年代紅極一時。故事講述一位中學女生進入四神天地書中，在書中的世界跟七星士一起冒險的故事。而女主角身上穿的制服，就是串聯現實世界和書中世界的媒介。女主角和朋友穿著同樣的制服，所以能打破次元的隔閡，互通訊息。

這答案不錯吧？

再重申一次，「推」是雲端上的人物。基本上跟我們凡人是沒有交集的，你也沒法直接確認對方的存在，就某種意義來說，跟二次元的虛擬人物差不多。可是，當你穿上一樣的服飾，感覺彼此就多了那麼一丁點交集，多了那麼一絲絲牽絆。爲了品嘗這分喜悅，阿宅才會購買一樣的東西。

情侶裝是阿宅鍛鍊想像力的神器

再來，請容我講一個很噁心的理由。你在自家陽臺曬著情侶裝，可以品嘗到跟「推」同居的感覺吧。阿宅的記憶力不太好，有時候也會忘記自己買過同樣的衣服。可是，當我們打開抽屜看到同款的襯衫，就好像看到前男友忘了拿走的衣物，何其風雅啊。

我平常買S號的衣服就夠了，「推」的身高動輒一八〇起跳，他們的衣服尺碼對我來說太大。不過，穿上那麼大件的衣服，能享受到女孩子去男友家住的幸福感。一想到身材高大的男人是那麼有安全感，發花痴都不足爲奇啊。

跟「推」買同樣的衣服，乍看之下是浪費錢，其實樂子還滿多的。穿膩了就直接丟網拍，對阿宅可謂有利無害。

電視劇的完結篇是戰場，也是慶典

去廟裡求劇中人物有個好結局

二〇一八年六月二日早上，我來到赤坂地區的冰川神社，誠心地寫下祈願，還花了大把的香油錢，我想考生都沒有我那麼虔誠。這一切都是爲了看到有情人終成眷屬。沒錯，那一天正是人氣電視劇《大叔的愛》播出結局的日子。

對一個戲劇宅來說，電視劇的結局是關乎生死的最後戰役，同時也是一大慶典。通常，倒數第二集的結尾會斷在最高潮的地方，因此等待下一集播出的那一個禮拜，每天都心神不寧。尤其《大叔的愛》播出時，這種情形特別嚴重。本該兩情相悅的春田創一和牧凌太，最後竟然破局，故事一下子跳到一年後。跟賴床的春田共同迎接早晨的，竟然是那個黑澤武藏部長。這最後的橋段，當場把我打入地獄的深淵。

我到現在都還記得，那一天是五月二十八日。我前往六本木採訪製作人貴島彩理，但我一看到電視上播出的預告，淚腺就直接潰堤了，天啊，春田和牧竟然分手了！我一個人躲在角落偷偷哭泣，試著緩和激動的情緒。我花了將近半個小時，反覆聆聽該劇的主題曲〈Revival〉（無限開關樂團演唱）。

我勉力維持風中殘燭般的理性，好不容易熬到最後一集播出的日子。心情就好像在看美國總統大選一樣，到底是川普會連任？還是拜登會入主白宮呢？黨爭一個沒弄好，可是會激起民變啊。我祈禱自己支持的情侶檔勝出，順便去購買高級香檳和蛋糕準備慶祝。網路上也有一大堆同好，在翹首盼望最後一集播出。大夥屏息等待晚上十一點十五分，氣氛猶如等待開票的競選辦公室，就只差沒有準備舞龍舞獅了。

最後一集終於播了，峰迴路轉的劇情，還有最後超級甜蜜的橋段，讓所有阿宅感動到幾乎暈死過去。那一瞬間，我的精氣神都從嘴巴飄出去了，好像整整四十五分鐘都忘了呼吸一樣。這已經超越暫停呼吸的金氏世界紀錄了吧？我用力拍打地板，開心地跟地球擊掌。

好作品的完結會給人一種幸福的疲憊感

不過就是一齣電視劇完結篇，爲何我們阿宅會搞到身心俱疲呢？理由在於，完結篇象徵一個世界的終結。電視劇塑造出來的世界，比我們的日常生活要有趣多了，一齣電視劇了不起播三個月，但劇中卻涵蓋了一輩子的感情起伏。所以，觀眾會把自己代入劇中情境，耗費大量的精力去感受一切。也難怪播完以後，會覺得自己的一部分跟著消失。

往後再也看不到心愛的角色登場了。沉浸在那種感傷的氣氛中，你會體會到失去摯友的孤寂感受，電視劇完結篇的殺傷力就是這麼驚人。

最神奇的是，**眞正好的電視劇不只會讓你品嘗到失落感，你會相信劇中的人物一定還在世上的某個地方生活**。可能你在等電車的時候，或是看到窗外夕陽美景的時候，或是在睡前玩手機的時候，你會突然想到，不曉得那些人現在過得如何？好的電視劇會帶給你這種綿延不絕的遐想，也印證了那些演員的實力。

有的電視劇已經完結好幾年了，但網友還是會在劇中角色生日的那一天，在網路上爲他們慶祝生日，因爲我們相信那些角色是存在的。去劇中拍攝的景點「朝聖」，一方面是享受融入劇中的樂趣，另一方面又很像回到懷念的母校。在你踏入那個景點的時候，當初的感情就會浮上心頭。

旁人大概無法理解這種心情，但這一點也不可笑。有豐富可貴的內心，是一件很幸福的事情。

「推」的朋友，也是「推」

看到「推」跟朋友玩得開心，阿宅就想噴錢支持

也不知道爲什麼，「推」在ＩＧ上公開照片，固然是件可喜的事情。不過，看到自己喜歡的「推」出現在別人的ＩＧ上，我們阿宅也會很興奮。

與其說是驚喜，不如說，有機會一睹「推」的交友關係，帶給我們一種喜悅之情。

所以戲劇開始排練或拍攝後，阿宅會去看其他共同出演者的部落格或相簿。偶然看到「推」出現在其他人的相簿，你也會替他感到高興。比方說，這次共演的都是沒有合作過的演員，你本來很擔心「推」是否跟大家處得來，現在看到他跟其他演員處得不錯，那種感覺就像老媽子看到小孩剛開學就馬上交到新朋友，終於放心了一樣。

特別是經常一起拍照的演員，要是有媒體報出他們一起出遊喝酒，我們阿宅也會以內人的身分自居，感謝對方照顧我們家的「推」。願意跟「推」交朋友的人，對我們阿宅來說也是值得感謝的存在。

通常整齣戲拍完以後，其他演員也不會再發表跟「推」有關的訊息。不過，有些演員的網路社交平臺會定期出現「推」的訊息，代表雙方的關係好到那種地步，因此我們也會開始注意那個演員。起初他們純粹是合作關係，後來成爲好朋友，阿宅一看到那個演員上節目，就會把一整集的節目錄下來，畢竟那是「推」的好朋友嘛。久而久之，那個人的報導和過去演出的作品，也是我們必須確認的資訊。連他高中時的失戀經歷，還有入行以來遭遇的重大挫折，阿宅也能如數家珍。

走到這一步，阿宅終於發現，靠杯，那個人也變成我的「推」了。

這種心態令阿宅百思不得其解。我們對「推」的朋友有一種親切感，而這種情感會在無意間昇華，引誘我們去參加那個人的現場活動，這就是所謂的「愛屋及烏」。這套理論眞正可怕的地方在於，愛屋及烏是永無止境的。阿宅會不斷喜歡上「推」的朋友，還有朋友的朋友，最後演變成全人類都是「推」。

用電腦製作「推」的人際關係圖

更恐怖的是，一旦你對「推」的朋友也抱有深厚的情感，只要看到他們在一起，心中就會激盪出無法比擬的亢奮情緒，而且一發不可收拾。例如你看到他們對談的合照，光是看他們貼近彼此就會掩嘴竊笑，暗爽在心裡。當記者問他們對彼此的看法，你聽到他們說出正直感人的答覆，眞的會感動到不能自已。

來談一下我的兩個「推」，他們在演員訓練班就認識了，一開始也沒有特別親密。直到後來有同臺演出的機會，關係才越來越好，現在已經成爲莫逆之交。有一篇關於他們兩人的報導是這樣的，本來他們會嫉妒對方跟其他人交朋友，現在他們的感情如膠似漆，根本不擔心對方會移情別戀。我在書店看到這篇報導的時候，彷彿看見天國降臨。這兩個人就是松田凌和宮崎秋人。

老實說，看到喜歡的「推」跟女星鬧緋聞，我眞的是心如止水，毫無反應。不過，看到喜歡的「推」跟朋友打情罵俏，我只想趕快包紅包給他們。如果有來生，我希望成爲裝醬油的碟子。這樣「推」去居酒屋吃飯，跟朋友大聊戲劇經的時候，我就可以在一旁聆聽了。

這就是所謂的「關係性萌點」，關係性萌點有各種不同的類型，我對「摯友萌」特別沒抵抗力。除此之外，前輩教導新人演技，新人努力追逐前輩的背影，這種「師徒萌」也超讚的；還有，兩個競爭對手切磋砥礪的「競爭萌」也十分吸引人。

調查「推」的人際關係，製作人際關係圖又是另一門樂趣。首先，以「推」作爲起點，然後朝四面八方拉出箭頭，標示不同的交友群組。「推」的人際關係圖做得越充實，你就會覺得他的存在感更加立體，此乃無上的幸福。

我的PPT裡面只有「推」的人際關係圖，死也不想給其他人看到。拜託哪個厲害的工程師，趕快做個自動刪除檔案的軟體，這樣我哪一天不小心意外身亡，檔案才不會外流。

從資料夾數量看你的阿宅指數

用不到的周邊紀念商品不斷增加

我一個人獨居，家裡卻有六個馬克杯。我也不是什麼名流，不會定期在家開轟趴。那家裡怎麼會有六個馬克杯呢？答案很簡單，全都是周邊商品。

身爲一個阿宅，家裡有一大堆周邊商品也是很合邏輯的事。我的身材瘦弱，穿T恤並不怎麼好看，但我卻買了十一件T恤，全是「推」的周邊紀念商品。另外，我這個人完全不運動，結果運動毛巾也買了四條。有一陣子我很迷舞臺劇《排球少年》，每次去觀賞演出，就會購買不同隊伍的毛巾，用來擦拭我脆弱的淚腺。可是，平日完全用不到，買來就放在櫃子裡長灰塵。這種周邊商品買的是回憶，用不到也不會輕易丟棄。搬家的時候你會想丟掉，但想一想還是捨不得，就這麼保存至今了。

你會不會隨身攜帶不透明的資料夾？

還有，我買最多的周邊紀念商品是資料夾，我的資料夾多到幾乎放得下全世界的文件。一般企業看到銷量不錯的商品，都會想弄個資料夾來贈送。阿宅也深知企業的脾性，乾脆順水推舟迎合。我家裡最多的資料夾，是世界知名滑冰選手羽生結弦推出的。你要購買一定數量的指定商品，官方才會送你一個。二〇一二年世界滑冰大賽播出後，我的心徹底被羽生結弦征服，跑到附近的超商瘋狂搜刮資料夾。資料夾是買口香糖送的，那一陣子家裡也有一大堆口香糖，對預防蛀牙超有幫助。追星對牙齒也有好處。

這些資料夾有什麼問題呢？想當然，上面都印有「推」的圖片，因此並不是透明的。不透明的資料夾完全忽略了實用的概念，你分不清裡面裝了哪些文件和資料，每次都要拿出文件來確認，早就失去透明資料夾原本的作用。嚴格來講，那種資料夾的作用比較像墊板，萬一不小心被其他人看到，你的阿宅嗜好也很有可能穿幫，平常我也不敢在外面用。到頭來，只好把一大堆資料夾疊在房間。

其他周邊紀念商品的處理方式也差不多，「推」的周邊商品並不具備實用性。比方說，手提包也是常見的周邊，但做成商品的手提包有夠小，頂多讓你裝一本小冊子，幾乎沒有收納功能。再者，手提包大多做成米色，沾到髒汙看起來很明顯，怎麼不做黑色的呢？衣服也不要只做 T 恤嘛，做一些 POLO 衫或襯衫，多點種類不好嗎？

有時候官方還會出一堆莫名其妙的商品，擺明了來試探阿宅的忠誠度。最令我驚訝的，莫過於泰國人氣影星 Bright 和 Win 的紀念商品。官方大概以為阿宅都是火山孝子吧，竟然推出印有二人尊容的枕頭，這誰睡得下去啊？可能忠心的死士還是很多吧，過一段時間又推出了毛毯，上面同樣印有二人的尊容。

這簡直是官方和阿宅的鬥爭，你都搞不清楚買到算賺還是賠。精緻的周邊紀念商品推出，雙方卻在背地裡暗中較勁。唯一可以肯定的是，你買的周邊越多，越不敢招待朋友來家裡玩。

如果你的好朋友死都不肯邀你去他家，那他很有可能是阿宅。

遜砲是國民的寶藏

現在阿宅喜歡的是遜砲，而不是高不可攀的偶像

遜砲最棒了。

「遜砲」這話聽起來很沒禮貌，但現在已經是一種討喜的重要特質了。我說的「遜砲」不是罵人無能的意思，而是有那麼一點點脫線和傻氣，或是有那麼一點點單純和靠不住的氣息，這些都可稱爲「遜砲」。

岡田將生是頭一個讓我感受到「遜砲」氣息的人，他身高一百八十一公分，俊俏的五官深邃分明，跟我說他是希臘眾神轉生的我也信。這個看似完美無缺的帥哥，曾經用

圍棋的棋子跟綾瀨遙下黑白棋。沒想到，他實際翻動棋子才發現，圍棋的棋子兩面都是同樣的顏色，沒法拿來玩黑白棋。我當初聽到這故事，對他的好感度瞬間暴增。

因爲工作性質的關係，我常有採訪新生代演員的機會。在閒聊過程中，我會問他們有沒有什麼迷糊的經驗，讀者也很喜歡這類話題。當然，有一些人犯糊塗的經驗比較平凡，在節目上播出肯定被打槍，好比出門忘了帶錢包、約會常遲到等。不過，也有非常奇葩的答案，你會懷疑是不是有人在背後下指導棋。例如，看影片不知道有快轉功能（岡田將生）、吃涼麵還死命吹氣怕被燙到（岡田將生）。你了解得越深入，就越喜歡他們身上的遜砲特質。

「渣」這種屬性也曾盛極一時，原因跟遜砲差不多。不是說我們喜歡的「推」很渣，而是他身上的渣男慵懶以及負面的美感，能否醞釀出一股魅力。最簡單的辨別方法是看他演吻戲時，手擺放的位置是否特別煽情？參加談話性節目的時候，有沒有時而透露一點毒舌的氣質？高橋一生就很適合這種渣屬性的角色，最近的新生代演員成田凌，他的言行舉止隱約透露出的渣屬性，也相當有魅力。

可惜，近年來演藝圈和政壇有不少外遇新聞，一再凸顯男人有多渣。因此，大家都希望自己喜歡的「推」至少可以保持美好的形象。在這樣的潮流下，現實世界的演藝圈進入了遜砲氣質獨霸的時代。

「推」的耍笨趣事，是苦難中的療癒

二十年前，在俊美演員身上尋找遜砲特質並非主流文化。那個年代，反町隆史和竹野內豐永遠帥勁十足。如今，我們都想在帥哥身上找到一點可愛的傻氣。竹野內豐近來的廣告同樣拍得很帥，但似乎都在扮演有點傻氣的大叔。

大概跟以前比起來，現在人更希望藝人身上有一種親民的氣質吧。最主要的原因是，我們非常需要療癒。一九九〇年代後期到二〇〇五年左右，演藝圈吹起了一股療癒系的風潮，飯島直子和井川遙便是最佳代表。泡沫經濟崩潰後，日本長年陷入不景氣的窘況，社會人士無不身心俱疲。大叔們都想在藝人身上尋求慰藉，女性想在帥哥身上追求的慰藉，或許就是遜砲吧。

現代女性在社會上也很活躍，承擔的社會期望不可同日而語。女性必須拿出成果，同時還要背負結婚生子的壓力。生了小孩以後，又得面臨工作和生育兩頭燒的困境。總之各方面的壓力都非同小可，就好像參加一場永無止境的游泳比賽一樣。明明游得很賣力，終點卻越來越遙遠……

生活如此艱辛，高不可攀的偶像對我們毫無益處可言，大家想要的是療癒的時光。換句話說，鑑賞品也必須備具實用性，這才是現在人心目中的「推」。遜砲人物不需要特別做什麼，渾身就散發出療癒的氣息，讓我們在緊繃的一天之後，可以發自內心歡笑。我想這就是遜砲需求水漲船高的原因吧。

順帶一提，岡田健史曾把「新冠肺炎」打成「新冠廢言」，引起網友熱議。平日嚴謹有禮的帥哥，隱約散發出一種遜砲氣息。這也讓我深刻體認到，遜砲是新時代偶像的必備要件！

「推」的私服問題

「推」私下穿的衣服俗氣，好感度猶如股價漲停鎖死

自己喜歡的「推」穿很土的衣服，你能不能接受？請容我用一百二十分貝的音量高呼，拜託盡量穿俗一點的衣服啊！

爲了避免傷害到我的「推」，這裡就不指名道姓了。總之，我喜歡的某個「推」，平常穿的衣服滿土的，T恤上都會印莫名其妙的英文字，旁邊還有羽翼或十字架的圖案。肩口還開一道拉鍊，領口一帶還有格紋。我很懷疑那是不是他母親買的？經我明查暗訪才發現，原來是本人購入。那瞬間，我對他的好感度猶如股價漲停鎖死。

人嘛，有一點脫線的地方比較討喜。平常爲人溫文有禮、冰雪聰明，工作也一向賣力，偏偏居家服卻土得要死。這是人類有史以來最棒的反差萌啊！

替雜誌拍照的時候，都有一流造型師幫他們穿搭名牌服飾，姿勢也是帥到不行。不過，一想到他們工作結束換回很矬的衣服，看雜誌時眞的會露出會心一笑。與其看到一流造型師提供的精美穿搭，我寧可看到「推」把褲款捲起來，現出內裡俗氣的花紋，這樣還更有魅力。人心眞是不可思議。

然後，看著喜歡的「推」在演藝圈打滾久了，穿搭品味慢慢進步，也是一大樂趣。當他們改穿潮牌服飾，你會有一種小孩終於自立的心情。

比紅不紅更重要的事

永續風氣下的新標準

自從我迷上新生代演員後，我每天都在默禱，祈求他們事業順遂、星途長紅。可是，最近我的觀念改變了。

現在我更關心三件事。第一，「推」接到的工作，有沒有違背他的個人意願？第二，「推」的身心是否健康？第三，「推」在打造職涯的過程中，跟經紀公司有沒有共同的願景？我只希望喜歡的「推」過得幸福又健康，有沒有大紅大紫反倒是其次。

菜比八的新人沒法挑三揀四，更不可能回絕工作上的邀約。一想到他們必須接下不喜歡的工作，我就替他們感到心痛。會走上演藝圈這條不穩定的路，就是想做自己喜歡的事情，我希望那些年輕人如願以償，也想幫他們完成夢想。因此，阿宅花錢支持偶像明星，一方面是滿足自身的欲望，另一方面是想成爲「推」的墊腳石，讓他們可以去做想做的事情（也就是幫他們在業界打造崇高的地位）。

演藝圈把「推」當商品，阿宅愛的卻是人品

演藝圈總是把惡劣的工作環境當成英勇事蹟來宣傳，好比某某藝人一整年只有一天的假期，或是每天只有一小時的睡眠等。確實，明星就某種層面來說是商品，趁有人氣的時候多賺一點無可厚非。不過，阿宅還是希望他們睡好覺、吃好料。沒有阿宅會想看到自己喜歡的「推」，被操到失去笑容。

話雖如此，我們再怎麼熱心支援，也沒法照顧「推」的身體健康，更無權評斷他們應該接洽哪些工作。所以，經紀公司有沒有良心是我們很在意的問題。經紀人會不會關心我們的「推」？「推」是否能跟經紀人推心置腹？這時候的阿宅就像老母親，擔心孩

子離家遠行。

日本阿宅常會打著感謝的名義，贈送歲末賀禮到經紀公司。表達感謝的心意自然不假，但禮盒分爲上下兩層，下層會放一封遣詞用字很文雅的信，大意是，你要是敢惡搞我的「推」，我就讓你好看。阿宅的信賴和威嚇其實是一體兩面的。

「推」喜不喜歡自己的工作、身體健不健康，比大紅大紫更重要。因爲我們的價值觀變了，年輕時大家都在追求功名利祿，想在工作上有一番成就。不過，有再多的錢和名聲，也不值得扼殺心靈，犧牲美好的生活品質。

人生不是爲了工作，而是先有人生才有工作，工作只是人生的一部分。包括我在內，很多人有了這種觀念上的轉變，因此我們衡量「推」幸不幸福的標準也不一樣了。從這個角度來思考，「推」可以說是一面照亮自己的明鏡。

眞心喜歡的偶像明星是無可取代的，我們也不想看到「推」只能曇花一現，永續經營才能一直享受支持的樂趣。

請經紀公司的各位大德好好深思一下。阿宅一開始的確是受到你們推出的商品吸引，**但我們眞正喜歡的是一個有血有肉的「推」**。

阿宅爲何想捧紅自己喜歡的「推」？

懷才不遇的人應該獲得更高的評價

不常玩遊戲的人，應該也聽過「刀劍亂舞 ONLINE」這款遊戲吧？簡單說，就是古往今來的名刀化爲俊美的男士，玩家可以收集和培育那些男士的遊戲。同樣已經推出三年的超人氣遊戲「A3」，也是一款帥哥養成遊戲，只不過你培育的是性格多元的劇團成員。玩家能夠一手拉拔俊美的角色，算是遊戲的一大樂趣。

回頭看現實世界，近年席捲日本的偶像男團 JO1，也是出自日本最大型的選秀節目《PRODUCE 101 JAPAN》。觀眾可以擔任國民製作人，挑選十一名有潛力的新人出道，同樣充滿培育的要素。「推」這個字眼，其意義本來就是以支持爲主，**培育發展中的新**

人也是「推」的一大涵義。

為什麼我們處心積慮想培育「推」？

我常舉電影《窈窕淑女》來說明這種心境。顧名思義這是一個現代灰姑娘的故事，李察．吉爾飾演的男主角愛德華，試著將茱莉亞．羅勃茲飾演的女主角薇薇安，打造成一個上流社會的淑女。

如今，女性在社會上打滾並不罕見，儘管男女平等的風氣仍有待加強，但只要有足夠的實力和適當的環境，女性要賺得比男性多並非不可能。問題來了，我們阿宅心中的培育願望，算是另一種版本的窈窕淑女嗎？好像又不太一樣。

電影中，愛德華想把薇薇安塑造成自己喜歡的形象，但阿宅沒那種支配欲。**我們只是希望懷才不遇的人，獲得更高的評價**。

如此俊美又有才幹，爲什麼大家都沒有發現呢？**既然大眾有眼無珠，那我們就自己來當傳聲筒，向世人宣揚「推」的美好，讓「推」踩著我們的背往上爬吧**。阿宅心中的培育願望，並不是想把「推」塑造成自己想要的樣子，這是我們跟愛德華最大的不同。

自己懷才不遇，不能讓「推」有同樣的經歷

爲什麼阿宅會覺得懷才不遇的人應該獲得更高的評價？這其實是對不公不義的社會心懷怨懟的關係。這世道好東西得不到評價，努力的人也不一定會成功，我們自己就是活生生血淋淋的例子。平時我們花很多心思，盡可能處理好各種大小事，我們的工作就建立在這種看不見的付出和努力上。可惜一般人很少注意到，也吝於給予評價和鼓勵。

有些人懂得推銷自己，也知道怎麼討好上司，這種人在社會上都有不錯的地位。不可否認，羨慕的話就該從善如流。不過，我們就是做不來才會心有不甘。因此，看到其他懷才不遇的人，就會想出一分力，讓他獲得更高的評價。

「推」的成功比我們自己的更重要

或許這種想要培育「推」的心願，純粹是想找個人替我們揚眉吐氣吧。明知如此，我們還是想盡力幫助自己的「推」。但現實世界畢竟是殘酷的，千里馬也不可能突然就遇到伯樂，不是每個人都有機會當灰姑娘。

如果我們喜歡的「推」，有朝一日眞的大紅大紫，不知該有多好。的確，我們只是把自己的夢想寄託在別人身上，但這會讓我們覺得自己的努力似乎得到了一絲回報，比我們自己成功更加感人。

愛德華表面上很紳士，其實心裡想的只有自己；阿宅支持喜歡的偶像明星，也只是想要抒發自己的鬱鬱不得志。這些培育他人的心願，眞正的動機並不值得讚賞。我們承認自己膚淺，卻也眞心希望世人看到「推」的才華。最好有朝一日，可以親眼看到喜歡的「推」大放異彩。

阿宅非常清楚，自己的人生不可能有逆轉勝的機會了。或許「推」的成功，可以讓我們相信世界還是有一點光芒吧。**「推」給我們的不只是甜蜜的感動和愛戀，而是再一次正視夢想的勇氣。**

阿宅寫手的職業道德

在偶像明星面前裝乖

何其有幸，因爲工作的關係，我有機會採訪自己喜歡的「推」。我的直播和評論報導，內容多半有點瘋瘋癲癲，很多讀者可能會懷疑我在採訪時能否保持冷靜？請放心，我在採訪時心如止水，甚至用孬種來形容更爲貼切。

我死也不會說自己是對方的粉絲，更不會在採訪過程中，提起對方一些比較鮮爲人知的故事，表現出自己有多了解對方。我也不會興奮地靠近「推」，或是逢迎諂媚什麼的，完全就是個正常人。

理由很簡單——我是那種不想被發現的隱性宅。

不消說，在採訪的時候，我們不是阿宅和「推」的關係，而是採訪者和被採訪者的關係。我想保持公私分明，況且考慮到其他阿宅的感受，濫用採訪者的職權是不被允許的。

應該說，我在採訪沒特別喜歡的對象時，會佯裝興奮來帶動現場氣氛。至於在眞正喜歡的「推」面前，我會冷靜到無以復加的地步。

麻煩的是，就算我沒有自承身分，對方也可能透過網路等媒體發現我是他的粉絲，這才是最難搞的地方。有些「推」的個性友善隨和，得知我是粉絲後會主動示好。不愧是我喜歡的「推」，人品有夠卓越。

可是憑良心講，我本性終究是阿宅，「推」跑來找我講話，我眞的不曉得該如何反應。表面上會裝出皇室般的優雅笑容，內心卻非常緊張。人家好心跑來找我說話，偏偏我又是這副死德性，表現出淡薄的態度，其實開心到可以投胎三次了。

偶爾去參觀「推」的攝影工作，我也不好意思盯著人家猛瞧，更不敢要求對方擺POSE讓我拍照。頂多只敢偷瞄幾眼，盡量去感受對方活靈活現的生命力。

正因為是「推」，才要公平以對

還有一種更複雜的狀況是，對方知道我是粉絲，但完全沒提起，始終保持平常心。不愧是我的「推」，跟我有心照不宣的默契。彼此的性情相近，這讓我有說不出的安心感。我們知道彼此是「推」和粉絲的關係，採訪時卻公事公辦，不夾雜私情。可話說回來，我還是滿害臊的。害怕見光死的辦公室戀情，大概就是這種感覺吧？當然，我沒經歷過辦公室戀情，也不敢說得太篤定。

我在工作時裝出一副若無其事的樣子，跟對方談天說地；一回到家裡，家中擺滿那個人的照片，收藏卡也妥善保存，手機裡還存滿對方的圖檔。但採訪過程還是要保持正常，不能露出馬腳，我都快被自己的雙重人格搞到崩潰了。我相信自己一定有當詐騙集團的天分，日劇《信用詐欺師 JP》下次會找我客串吧？各位一定會被我騙到吧？

總之，正因爲是喜歡的「推」，在工作上越不會厚此薄彼，這算是我的原則。我也經常告誡自己，在撰寫「推」的報導時，遣詞用字可以表達讚賞之情，但務必要跟其他人的報導一樣公正公平。尤其在寫舞臺劇或電視劇評論時，我會刻意用比較高的標準來評論。

有的讀者也知道我是某個人的粉絲，就算撰文沒有徇私偏袒，還是有人會覺得我不夠客觀。除非「推」演得眞的比其他人好，否則我不會提到演技的問題。相對的，如果「推」確實表現傑出，我也不吝於讚賞。身爲一個阿宅寫手，這種公平公正的原則我一刻也不敢忘懷。

支持同性的苦惱

性向遭到質疑的悲哀

我整天把「喜歡帥哥」掛在嘴邊，幾乎跟打招呼一樣自然。不過，仔細想想，一個三十七歲的大叔說自己喜歡帥哥，這是一件很詭異的事情。

最好的證據就是，你把我的名字拿去餵Google，最常見的就是網友在討論我的性別。我是大叔無庸置疑，但網友還是想查詢我的性向，他們的心情我也能體會。我眞的很想跟他們道歉，像我這種怪胎還在光天化日下出來嚇人，眞是不好意思。

然而，我以前並沒有公開宣稱自己喜歡帥哥。事實正好相反，我喜歡帥哥的天性，長年來被我棄置在浴室的排水溝裡。大家也知道日本社會，男生只要說自己支持同性的偶像或演員，有九成會被懷疑是同性戀。

當然，身爲同性戀並不可恥，但喜歡同性演員就等於同性戀，這未免太過武斷了。況且對別人的性向說長道短，我也不以爲然。

現在我能搬出一堆詞藻和道德倫理，對抗那些歧視和偏見，但小學和中學那段日子實在過得太苦了。所以，我只好忍著有口難言的鬱悶情緒，壓抑自己的興趣。

好在，近年來社會風氣開始包容多元性。大叔說自己喜歡帥哥至少不會被公開處刑了，但終究還是社會上的少數派。

我去看「推」的舞臺劇，劇場觀眾絕大多數是女性，九成九都是。偶爾才看得到一、兩個男性，而且多半是其他新生代演員，跟我是完全不同世界的人。這也讓我覺得自己格格不入。

一進入劇場就座，可以感受到兩旁的女性投來詫異的目光。我知道她們沒惡意，這也是無可奈何的事情。基本上，團體中只要出現一個異類，人類就會產生戒心。

最麻煩的是，我很難跟其他宅粉交流。尤其購票的時候最慘，阿宅習慣私下交易手中多餘的門票，如果購票的是男性，女性宅粉也會覺得害怕吧。

這種私人交易不見得適用寄送的方式，很多時候是親自面交。跟陌生男性相約碰面，肯定會爲女性帶來不必要的恐懼感。

給別人添加多餘的精神負擔，我會感到過意不去，所以私人交易幾乎沒試過。當然，我買票永遠是孤軍奮鬥，但猛虎難敵猴群啊。

實際到劇場看戲，坐上位子後就是等開演而已，倒也沒有多尷尬。跑去排隊買周邊紀念商品，才是羞恥心大爆炸的時候。一群唇紅齒白的女性中間站了一個阿宅大叔，想不引人注目都難。大家表面上沒說什麼，但我似乎能聽到她們在我背後指指點點，質疑我一個大叔學女生買收藏卡。

對啦，我就是要買啦。

包容大叔喜歡帥哥的興趣吧

依我個人觀察，女性支持同性藝人比較不會引人側目。過去很多小女生也會模仿當紅女星的裝扮，早安少女組、AKB48也有不少女性粉絲。雖然男性粉絲的數量還是占絕大多數，但並不是沒有女性粉絲。

可是，男性支持同性藝人，就很容易被當成怪人。好在最近有一些知名的男藝人和主播也支持同性藝人，男性支持男性一時蔚爲風潮。但那是因爲人家有名（而且又長得帥，比較不會給人壞印象），所以大眾沒意見。普通大叔還是很難坦承自己喜歡帥哥，這就好像古代的基督徒只敢偷偷信教一樣。

由於工作性質的關係，我個人是不參加握手會或追星一日遊之類的活動，以免直接接觸到喜歡的「推」。不過，男性粉絲參加男藝人的活動，我認爲社會不該對此抱有偏見。**畢竟帥哥是世界遺產，敬愛世界遺產是不分性別的**。

當一個語文造詣好的阿宅

粉絲們都該向三島由紀夫看齊

人類是一種凡事追求方便的生物，我們已經受不了沒有手機的生活，連搭個電車也不會親自到櫃檯買票了。或許再過不久，我們就會用電子貨幣支付開銷，徹底忘記零錢的存在。

語言也是一樣的道理，大家使用語言也追求便利。不管是糟糕的事情還是趣味的東西，都用一句「靠杯」來形容，各種激情也只用一句「超催淚」帶過。阿宅看到喜歡的「推」，也只會說「凍抹條、夭壽讚」；看完「推」演出的作品，除了「啊嘶」以外，什麼感想也說不出口。

「帥、美」不僅僅是字面上的意思

「帥、美」是粉絲最常講的話。在這個容貌至上的時代，對別人品頭論足總有一種罪惡感，但阿宅還是不懼批評，把這句話掛在嘴邊。

大多數的演員被稱讚長相，其實心裡還是會高興；不過，也有不少演員希望粉絲看重他們的才華和演技。因此，稱讚長相是在貶低他們的自尊心和努力。

這就是崇拜者和被崇拜者之間的誤解。的確，我們一開始是看臉支持的，但光有一張俏臉蛋無法養出一批死士。演藝圈永遠不乏帥哥美女，你要眞的喜歡上一個人的內涵，才有辦法一直支持下去。

可是，阿宅這種生物一碰到喜歡的「推」，語言能力馬上歸零。換句話說，稱讚長相是在變相稱讚對方所有的美好特質。我們眞正想說的是「推」的演技、歌喉、舞蹈都是一流，講話也幽默風趣，聲音又極富磁性，性格也溫柔無比，對周遭的人事物總是體貼細心，爲人謙和不失剛毅，卻又帶點討喜的傻氣，這一切的一切都完美到讓人凍抹條。

只是，這些讚美就像潘朵拉的寶盒一樣，在打開的那一瞬間四處消散，最後只剩下「好帥」「好美」。

然而，你要偶像明星們自己去體察阿宅的心意，這未免太不厚道了。「推」也是人，一定希望大家稱讚他們用心的地方。在這個人氣暴漲暴跌的行業，這種喜悅是支持他們走下去的動力。

所以，爲了讓你的「推」在這一行走得長長久久，各位阿宅不要貪圖便利，請想一些原創的詞彙來表明心意。正所謂千里之行始於足下，請先禁用「凍抹條、夭壽讚、啊嘶、我好了」這類無腦詞彙吧。

當一個文豪，讚頌自己的「推」吧！

關鍵在於用字遣詞要精確，要說出自己的心是如何被打動的，別說得太籠統。**把自己的心意化爲言語表達出來，更能享受到追星的樂趣**。

把自己當成文豪，沒必要害臊或猶豫，你就是三島由紀夫。你就像一個即將畫下曠世巨作的藝術家，仔細觀察「推」的美豔氣質，精準捕捉他們身上散發的美感，然後用自己的話記錄下來，這就是表達的樂趣。一開始你會覺得很麻煩，只想用一句無腦的詞彙來總結。但我還是那句話，不要貪圖便利。攀上崎嶇蜿蜒的山道，才看得到壯闊的美景。當你從腦中無數的詞彙挑出精確的字眼來形容「推」的美好，內心的金閣寺將綻放耀眼的光芒。

粉絲有好好注意到「推」的優點，我相信他們也會很高興。我經常採訪新生代演員，因此可以跟各位保證，你們的鼓勵是「推」最大的動力。很多偶像明星一定會看粉絲寄來的信，也有不少人會上網搜尋自己的評價，就容我姑隱其名了。

言語才是送給「推」最好的禮物。真的看重你的「推」，請多想一些美好的詞句，用溫柔的緞帶包裝起來，送給他吧。

「推」之所以尊爵不凡

我們需要的或許是上帝

我認爲用來形容「推」的詞彙是多多益善，但有個詞彙眞的是好到無話可說，那就是「尊爵不凡」。

也不曉得一開始是誰開始用尊爵不凡來形容阿宅對「推」的崇敬。我都懷疑那個人是不是創作型歌手，不然怎麼可以想出如此貼切的形容方式？

現在隨便一個阿宅都會講「我的『推』尊爵不凡」，但沒記錯的話，過去「尊爵不凡」不是特別流行的詞彙。至少日常生活中不太有機會聽到，沒想到現在大家朗朗上口。這就好像一個搞笑藝人搖身一變成爲晨間新聞主播一樣，轉變之大令人難以適應。

不過，這種滔滔不絕的仰慕之情，確實只能用尊爵不凡來形容。用單純的「喜歡」來形容感覺太平凡，我們阿宅對「推」的感情不光是小鹿亂撞，而是更接近崇拜和敬畏。「尊爵不凡」是最通俗又精確的形容方式。我再說一次，最先想到這個詞彙的人請趕快現身，我有精美大獎要送你。

回頭談談「尊爵不凡」。「我的『推』尊爵不凡」這句話還沒流行以前，「尊貴」通常是用來形容生命或大自然，總之是用來形容偉大的事物，好比天神之類的。

不信你去翻字典，尊貴的定義是崇高而難以欺近的神聖事物，或高貴的事物。例如，尊貴的神佛。

查出這一點，我似乎能理解大家用尊爵不凡來形容「推」的原因了。當然，有人真心喜歡上「推」，也有人是成天做白日夢，幻想跟「推」談戀愛；**我們如此追求喜歡的「推」，或許眞正想追求的是上帝吧**？

我想，「推」的涵意比較接近「上帝」，而不是「戀人」或「子女」。從這個角度來看，用尊爵不凡來形容也就不難理解了。在阿宅的心目中，「推」的身上有一種神聖的光芒。正因為是神聖的上帝，阿宅才討厭他們跟凡人一樣熱戀，或是做出一些沒品的言行舉止。

現代日本基本上是沒有信仰的國度，大多數人沒有信奉特定的神祉。所以，遇到問題也不知道該向誰祈禱，沒有崇敬的對象。表面上看似無拘無束，但也證明人心缺乏依靠。人生充滿了狗屁倒灶的破事，人們多少都需要信仰和依靠。迷惘和煩惱的時候，大家都想要一個救贖自己的對象，這也是我們需要上帝的原因。

人類在遭遇重大不幸，或受到不公不義的對待時，心靈也會承受嚴重的打擊。若沒有一個尋求救贖的對象，很難保持理智。信仰神明，有安定人心的作用。

「推」的存在意義也相去不遠。在紛紛擾擾的日常生活中，我們還能勉強支撐下去，就是因為我們知道「推」也同樣在某個角落奮鬥打拚。所以我們也要好好努力，期待跟「推」相見的那一天到來。這種信仰，就是阿宅活下去的動力。

阿宅「供養」的理由

人在做天在看，上帝的視線既是救贖也是約束。「推」也一樣，粉絲的一舉一動，他們都看在眼裡。只要「推」要求我們當個有禮貌的好孩子，這句話就會成爲阿宅的行動準則，約束力不下於天啓。宗教一再告誡世人，多做善事死後才會有好果子吃；阿宅則相信多積陰德才能買到「推」寶貴的門票。

上帝賜予人類活下去的勇氣，「推」也是阿宅活下去的意義。

「推」就是上帝，那麼在「推」身上花錢，稱之爲「供養」也就不足爲奇了。反正是供養，多花點錢就當捐獻，這也是很合邏輯的事情。沒錯，**這是奉獻，才不是浪費**。

這樣想，噴錢是不是就有了正當性？各位今後也要誠心供養啊！

第三章

阿宅危機

阿宅看到「推」結婚後留下的遺言

那一天，我心如死灰地清洗床單

偶像明星也是會結婚的。

其實我們也有心理準備，年輕人早晚會結婚。只不過，每個阿宅都希望自己永遠不用面對這一天，最好結婚這種概念只存在於其他平行時空。總之，我們會把希望寄託在一些逃避現實的妄想上。

ㄊㄨㄟ ㄨㄛˇ ˙ㄉㄜ ㄊㄨㄟ ㄐㄧㄝ ㄐㄧㄝˊ ㄏㄨㄣ ˙ㄉㄜ.

無奈真的遇到了，我們還是會崩潰到口吃。

壞消息就像青天霹靂一樣突然降臨，我是在雅虎新聞上看到的，標題是「瀨戶康史迎娶山本美月」。真是簡潔又殘酷的標題，我先仔細端詳那則標題，再一次確認自己有沒有搞錯字面上的意思。「瀨戶康史迎娶山本美月」。

下一秒我決定去洗床單

我拆床單的動作非常淡定。人類在得知難以接受的訊息時，會試圖做一些日常生活中的瑣事，好讓大腦恢復正常狀態。我心如止水地操作洗衣機，洗完後放到曬衣架上晾乾。我站在炫目的夏日烈陽中，重新整理大腦接收到的訊息。

我的「推」結婚了。

好難受。我知道這樣說好像在替自己打預防針，但我真的沒有愛上人家。各位，那可是瀨戶康史啊，不是我一介平民高攀得起的。他的地位相當於凱蒂貓或熊本熊，是人見人愛的吉祥物，光是看到他微笑，我的心就會跟著平靜下來，順便想揉一下那可愛的臉頰。瀨戶康史就是這樣的存在。

至於他的結婚對象，之前八卦雜誌也報導過。大意是二人也到了適婚年齡，很有可能傳出喜訊，到時候一定要盛大祝賀他們的婚事。粉絲們也想跑去二人的經紀公司灑花。

饒是如此，實際看到他們結婚，那種虛脫感實在難以承受。而且，一開始是媒體先爆出婚訊的，兩邊的經紀公司還公開否認那則報導。過了幾天，當事人才正式公告婚訊。這等於是對阿宅造成二度創傷，以勇者鬥惡龍來比喻，就好比你一回合中了兩次即死術一樣。何時要報告婚訊，當事人有他們自己的考量，但為避免阿宅不必要的傷亡，還請媒體以後不要搶先報導，等待當事人自行宣布就好。

「推」也有自己的家

「推」做出了重大的人生決定，身為粉絲本該給予最大的祝福。可是，心情還是說不出的複雜。

每個人感到複雜的理由都不一樣，至少我不是出於嫉妒。反正我本來就不可能成爲「推」的終生伴侶，他的結婚對象我也不討厭。既然是「推」選擇的對象，我相信一定是好人。

那麼，這股難以塡補的空虛究竟所爲何來？我想，**或許是突然把「推」當成一個「凡人」的關係吧**。

不用說，「推」當然是凡人，他們有自己的人格，也應該得到尊重。但他們畢竟是雲端上的人物，在阿宅心中就像太陽。你一抬頭就看得到太陽，陽光永遠常伴左右，溫暖照耀我們前行的道路。「太陽」是大家的，不屬於個人。不料，有一天太陽突然被獨占了，還主動宣告要走下神壇，也難怪阿宅會需要冷靜思考一下。

冷靜思考過後，你很快就會清醒過來，認清他們也是現實的存在。是啊，「推」也是有毛細孔的活人，也有自己的家。我就是無法適應這種觀念上的變化，才會大受打擊吧。

不過，眞正可怕的不是公布婚訊那一刻，而是你不忍直視他們在婚後的變化。比方說，深夜收到新的推文通知，以前你會覺得興奮，因爲「推」跟你一樣，大半夜還沒睡覺。可是現在收到通知，你會從字裡行間感受到配偶的影子，幻想著他發文的時候配偶就在一旁。如果將妻子稱作「我家媳婦」，你心中還會產生幻滅的情緒，不滿他用這麼古板的方式稱呼自己的配偶。媳婦這兩個字本來是指兒子的老婆，不該用來稱呼自己的配偶。阿宅很有可能變身這種文字警察，對每個字吹毛求疵，很可怕對吧？

八卦雜誌也許會拍到他們在公園玩盪鞦韆，未來孩子出世了，或許還會拍到他們背著兒子的模樣。在參加小孩運動會的那一天，還會看到他們夫妻一大清早趕到會場，占前排的好位子幫兒子加油。我大概還要跨越幾道心理障礙，才能從「推」成家立業的現實中找到嶄新的樂趣。我還需要一點時間去適應。

要是我能不帶任何怨念，唱歌祝福他們百年好合，應該就能找到追星的新樂趣了。

戀情曝光能不能忍？

不要在活人身上奢求完美無瑕

我眞心覺得，阿宅是一種非常自私的生物。同樣是戀情曝光，有的情況我們可以容忍，有的卻不行。

比方說，瀨戶康史和山本美月結婚，對阿宅固然是一大打擊，但我們對女方沒有任何不滿，而且還認爲他們是天作之合。社會大眾看到這對佳偶結婚，好感度也是不減反增，這是可以肯定的。

相對的，有些「推」的戀情曝光就得不到阿宅的祝福。這有很多種情況，比較常見的是女方看起來像小太妹這種。這時候的阿宅，心態跟壞婆婆沒兩樣，偏見的純度高達百分百。例如，女生應該化淡妝，不該濃妝豔抹；頭髮最好黑長直，不要滿頭金髮。簡單說，就是希望自己兒子娶到像新垣結衣那種老婆，完全私心。明明討厭別人對自己的服裝品味指指點點，卻在這種時候以貌取人，實在有夠矛盾。講是這樣講，阿宅還是不想看到「推」的另一半留著超長指甲，或是講話太粗魯。

還有一種更難忍的情況，就是「推」娶了年紀很輕的女子。尤其，當你的「推」已經小有年紀了，這打擊的殺傷力可不小。你心中的凱撒會以悲憤的語氣問道，布魯圖啊，連你也愛吃幼齒的嗎？如果「推」選擇的對象年紀比自己小一輪，你隱約可以察覺到，原來「推」的心中也住了一個大叔。

反過來說，如果「推」選擇的對象是國高中同學，阿宅會非常有好感。職業棋手加藤一二三就是最好的例子，他中學時代就在棋壇活躍，因此經常請假，同班女同學抄筆記送給他，兩小無猜互有情愫，最後有情人終成眷屬。這種最棒了。

這樣看下來，我發現自己太計較完美無瑕，根本有病。我討厭自己的膚淺，但該來的大事還是躲不掉，因此我還是常跑神社，祈求老天讓我的「推」娶到新垣結衣。（編按：新垣結衣已於二〇二一年五月十九日宣布與星野源結婚。）

如何看待「推」的緋聞？

緋聞可以是一張立刻出局的紅牌，也可能是逆轉勝的同花順

阿宅時時刻刻都活在恐懼中，我們很怕喜歡的「推」登上趨勢關鍵字。登上趨勢關鍵字多半不是好事，要不是外遇，再不然就是犯法被抓。你永遠不曉得「推」會幹出什麼鳥事，阿宅永遠都要面對這種風險。

若是戀情曝光那還算好，只會稍微心痛一下，然後看著夕陽西下的天空，祈求他們過得幸福美滿。可是，萬一「推」腳踏兩條船曝光，那就眞的幻滅了。至於外遇偷吃，每個人心中自有公斷，但社會整天在撻伐外遇新聞，爲什麼「推」還如此不自愛，去做那種最不該做的事情呢？眞的會想剁碎高麗菜來洩恨。這類緋聞被稱爲「渣男現形記」，

是演藝宅最忌諱的緋聞之一。

另一個會被撻伐的是講錯話，例如講出歧視性的言論，或是對自己的人氣地位太自滿，這是一定會炎上的。而且火會燒得跟營火晚會一樣熱鬧，阿宅看著「推」被燒成火球，會思考自己該如何自處。

看到「推」落難所展現的人性

看到自己的「推」炎上，阿宅的反應都不一樣。主要分爲兩大勢力，一派堅持「我的推沒有錯」，另一派是「迅速翻臉不認人」。

前者堅持維護自己的「推」。比方說，爆出腳踏兩條船的消息，他們的觀念就跟印度富豪一樣開放。人家長得那麼帥，一夫多妻天經地義啊。「推」不小心說錯話時，他們會以政客都自嘆不如的無恥態度硬拗，辯稱他沒有惡意。那種堅定不移的氣概，把防禦當成最大的攻擊手段，我個人並不討厭。

後者則是發現「推」的道德有損，或是聽到「推」講錯話，會馬上把周邊紀念商品拿去變賣。過去累積的商品統統丟網拍，或拿去偶像商品專賣店拋售。他們會將自己的憤怒和震驚轉化爲現金回本，眞是太有才了。我如果是企業主，一定優先雇用這些阿宅。

順帶一提，我喜歡的「推」鬧出緋聞的那一天，我的腦袋徹底當機，不由自主買下三萬元的名牌服飾，「推」的緋聞就是這麼恐怖。

同樣是翻臉不認人的阿宅，有人賣完周邊後就釋懷了，有人則否。那些人是眞心支持喜歡的「推」，因此，在沒有想清楚自己投資的時間和金錢有何意義之前，他們沒法繼續走下去。

日本第一五二代天皇明仁上皇，當初表明有意退位時，用「表明心意」來說出自己的想法。後來這句話迅速普及，現在已是阿宅對同伴發表看法的另一種稱呼。但這裡所說的「心意」絕大多數不是正面的內容，而是說明自己有多不愉快、身心受到多大的傷害。因爲抗議的內容居多，用字遣詞也就不會太文雅。

現在你光用想的就知道，「推」的緋聞會如何燒出一片火紅的地獄。最痛苦的是，不管你是忠心護主或翻臉無情，都必須繼續看著他遭受各方的砲轟。

「推」被當成壞人最令人難過

樹倒猢猻散，牆倒眾人推，這是現在的社會風氣。藝人鬧出緋聞，就好像給了全世界一張圍毆許可證一樣。出事前媒體把當事人捧成當紅炸子雞、時代好青年，結果一出事也是翻臉比翻書還快。網路上充斥各種無情謾罵，對戲劇沒興趣的鄉民，或是不了解當事人實情的網友也會跟著罵上幾句。

當然，這樣的困境是「推」自己搞出來的，儘管問題有輕重之別，但我也沒打算把他們說成受害者。我主要是對這世道有點意見，人家犯錯你也不必講得那麼難聽吧？

剛才介紹了兩大門派，一派主張我的「推」沒有錯，另一派則是翻臉不認人。是非黑白要是也能分得這麼清楚就好了，偏偏大多數的局面，是不知道該如何理解的灰色地帶。除了那些翻完臉就釋懷的人，大多數阿宅看到「推」被當成壞人，其實受到的傷害比發現他們做錯事還要大。所以，「推」的緋聞是關乎生死的大問題。

我們眞正該改變的，應該是充滿攻擊性的社會風氣；無奈改變社會風氣非一蹴可及，個人能力也著實有限。受不了「推」被輿論攻擊的人，請暫時遠離媒體和網路吧。我知道粉絲一定會在意，但心靈的平靜也很重要。請給自己一段時間，好好思考今後要不要繼續支持「推」。就算你決定離開，也沒人會怪你，不需要有罪惡感。

未來也決定死忠支持的人，請先沉潛一段時間吧。輿論這玩意來得快去得也快，批判的熱度過去後，風向一定會跟著轉變。大家會開始反省，根本沒必要把話說得那麼難聽，社會應該要給犯錯的人機會。這時候就是大逆轉的時機，只要「推」誠心認錯反省，大家看到他們努力改過自新，一定可以吸引到不一樣的粉絲群。

況且，人生本來就是起起伏伏，跟那些一帆風順的人相比，受過傷的人通常有一種特殊的韻味。換句話說，**緋聞不單是失去粉絲的紅牌，也可能是開拓新客群的逆轉同花順**。

健全追星的心靈控管術

雞蛋不要放在同一個籃子裡

阿宅經常要面對心靈崩潰的危機，例如喜歡的「推」戀情曝光、結婚、引退、換新東家、鬧出緋聞等。而且，這些難過的消息總是來得又快又急，令阿宅難以自持。

懂得控管風險才算是成熟的大人。平常我們簽署重要文件，一定會再三詳查確認。處理業務一定會有公開透明的流程，以免作業黑箱化。在你上臺簡報或介紹新的企畫案之前，上司也會故意吹毛求疵，講出各種鼻屎大的風險。上司整天煩惱不可能發生的事，害你做起事來綁手綁腳，很想拿鋼筆戳爆他的眉心，但你還是只能咬緊牙關，尋思萬全的解決之道。這就是一般人的日常生活。

平日我們積極做好風險管理，追星時卻一點防備也沒有。所以，阿宅一聽到青天霹靂的壞消息，才會遭受難以回復的重創。

爲了保持身心健康，我建議各位阿宅「ＤＤ益善」（編按：ＤＤ來自日文「だれでも」（不管是誰）的簡縮）「多推益善」。

「多推益善」顧名思義，就是有好幾個「推」的意思。單推的阿宅心態比較容易崩，平時「推」的曝光率減少，單推阿宅就會陷入「飢餓」狀態。有好幾個「推」的話，其中一個曝光率下降，你可以看其他的來補，心態上會更爲健全，也能常保心情愉快。

單推確實比較情深義重，但依賴性也會跟著上升，風險也特別大。萬一出了什麼事讓你想要棄推，也有其他「推」可以緩和傷痛。

最重要的是，**「推」的人數越多，人生就越快樂**。如果方便的話，我想把這句話當成墓誌銘。另外，我們也可以反過來說。

「推」的人數越多，人生就越忙碌。

這是有好幾個「推」的最大煩惱，你會不斷接收到各種新的演出訊息，心臟根本受不了。一下是這個「推」拍了電影，一下是另一個「推」演出新的電視劇。倘若我英年早逝，絕對是「推」害的。想當然，時間永遠不夠用，光是追劇晚上都不用做其他事情了。

所以，花心也是講究時間控管能力的。平日通勤搭車，也是非常寶貴的追星時間，你再也不會用來打盹休息。你會確認「推」的新聞或社群，以免漏看重要訊息。在有Wi-fi的地方追劇也是一個方法。還有，外出時你會先調查目的地附近的書店，方便的話就到書店去看一下雜誌，這也是有效的時間控管。由此可見，多推幾個喜歡的藝人，還能掌握行程管理技巧，善用瑣碎的時間。就某種意義來說，「推」才是最實用的商業經。過去我堅持單推，日子過得渾渾噩噩；自從有了大量的「推」，我練就出每一分每一秒都要拿來追星的意志力，生活充實度完全不可同日而語。

不睡覺就有時間了

有辦法一次愛上好幾個人，正是「多推益善」的本事和才能。就感覺上來說，假設你有十分的心力支持喜歡的「推」，並非把十分的心力分散出去，而是把全部心力先灌注在眼前的「推」身上。過幾天，你再把所有的心力灌注在其他「推」身上。這才是多推益善的正確態度。

多推益善的阿宅是有福的，但「推」的數量不斷增加是我們最大的風險。沒節操的阿宅只要被別人推薦新玩意，就會抱著姑且一試的心態，因此喜歡的東西越來越多，根本無法自制。接觸的東西多了，我們也深諳自己的嗜好和怪癖，光聽別人介紹就知道合不合胃口。遇到合胃口的「推」便深陷其中，喜歡的人也就越來越多。

最糟糕的是，這種多推益善的風險是無解的。「推」的傳染力比新冠肺炎還要強，唯一的對抗手段就是禁止接觸相關訊息，無奈我們是不推會死的外星人，這太強人所難了。

到頭來，「推」的數量越多，阿宅就得努力賺更多的錢、犧牲更多的睡眠時間，去享受更多的表演。所以我們一向存不到錢，身體也不太健康。或者應該說，踏上阿宅這條路本身就是最大的風險吧。

脫粉危機

來談一談演藝宅的地獄

當一個阿宅，多多少少都有一些不願面對的地獄。我是專門追帥哥演員的阿宅，我們這個宅圈最可怕的地獄，就是看到「推」演出糟糕的作品，這一點我就不諱言直說了。

大家都知道我是「外貌協會宅」，但我不是只看帥哥的臉，真正喜歡的是他們的才華。戲劇其實是一種創作，演員強大的演技，可以賦予虛構的角色寫實的生命力。靠著豐富的表演能力，一個眼神和一道皺紋都能展現出角色的情感。同一個演員在不同的戲劇中，看起來像是完全不同的人物。我就是醉心於那樣的演技，才甘心當阿宅。

現在YouTube和IG這類平臺增加，粉絲有更多機會看到「推」私下的樣子，但我們最想看的還是演技。因此，要花好幾千元買票我也完全不心痛……眞的沒在心痛的啦！

可是，如果滿心期待的作品很無聊，那種空虛感是會逼死人的。比方說，整齣戲對話難笑、劇情拖沓、角色難以代入、高潮來得莫名其妙、說明又臭又長、謎底沒有埋好伏筆、結局太過粗糙等。碰到內容奇差無比的戲，你會很想把去世的知名劇本家挖出來，請他們重新修改劇本。

這就是我們戲劇宅的難處。演員多半是被動接洽工作，能否接到好的作品和角色，這要看經紀人（經紀公司）的本事和運氣，很多時候與本人的才華或努力無關。除非大牌到可以自己挑選工作，不然還在累積資歷的年輕演員，根本沒有挑工作的權利。越菜的演員接到爛作品的機率就越高，這就跟窮人永遠翻不了身的M型社會一樣，確實是地獄無誤。

作品內容好壞不是演員的責任。你看到他們努力把一部爛戲演好，眞的會覺得他們已經盡力了。可是，「推」演得越認真，粉絲看得就越痛苦，對誰都沒好處。不禁想問，那種爛戲到底是想怎樣？

不過，那畢竟是「推」演出的作品，你也不想罵得太難聽，但無處宣洩的不滿和憤怒會慢慢侵蝕你的心靈。浪費幾千元虐待自己，這是哪門子的SM玩法？

「推」只演一部爛戲也就罷了，你還可以當自己倒楣踩到狗大便；但連續演三、四部爛戲，我們阿宅也是會抓狂的。人家不是說德川家康以忍耐致勝嗎？這種狀況連德川家康都會抓狂砍人。久而久之，粉絲對「推」的感情會慢慢變淡，最後徹底失去興趣……這也是演劇宅棄坑常有的狀況。

這實在太悲哀了，明明錯的不是「推」。

不花錢支持爛戲很重要

所以，阿宅希望「推」的經紀人有辨別作品好壞的眼光，演得少或演一些小眾作品也沒關係。每次看到流星劃過天際，阿宅就會祈禱，拜託老天爺讓我們喜歡的「推」碰到好的編劇、導演、製作人。

不可否認，世上有不少勢利眼的商人，以爲找幾個帥哥出來包裝一下，阿宅就會心甘情願掏錢，這些人最好趕快滾出演藝圈。因此，不花錢支持爛作品（雖然這樣講對「推」很過意不去），是我們唯一的抵抗手段。

說句老實話，「推」演出的作品我們還是想看。如果眞的忍不住看了，至少要在問卷寫下具體的缺失，讓那些無良奸商知道粉絲不是只看臉，這一點非常重要。消滅差勁的作品和奸商，也是在保護「推」的未來。

最後，記下那些差勁的編劇、導演、製作人，去廟裡誠心燒香祈禱，祈求自己喜歡的「推」未來鵬程萬里，再也不要碰上那些爛人。萬一下次「推」還是跟那些爛人合作，也只能朝著夕陽痛罵經紀人了。

阿宅不該做的事

不要踩別人的「推」來拉抬自己的

身爲阿宅有些事是絕對不能做的，不直接危害到自己的「推」，這應該不用多講。我個人認爲**最不該做的，就是踩別人的「推」來拉抬自己的「推」**。

每個阿宅都認爲自己的「推」更帥、更優秀，這種心情我能理解，畢竟那是你喜歡的人。尤其當自己的「推」人氣不如其他人，那種懊惱的心情我也深有體會。

不過，這種話一說出來，就會變成毀天滅地的詛咒。在深夜剪指甲、弄壞別人家的榻榻米、參加婚宴打扮得比新娘漂亮等，都沒有這種行爲白目。踩別人的「推」來拉抬自己的「推」，這是全世界的共通禁忌。

當你踩別人的「推」來拉抬自己的，就是在傷害其他粉絲。你熱心支持自己的偶像，人家也有熱心支持的「推」，這分熱忱和愛意是不分優劣的。別人看到自己的「推」被貶低，一定會討厭你的「推」。

支持「推」不代表你可以傷害其他人

有些人是不懷好意故意踩別人的「推」，但阿宅多半是在沒有自覺的情況下，不小心踩到其他人的「推」。比方說，好幾名演員共演一部電視劇或廣告，阿宅就會口無遮攔地說自己的「推」是最棒的。如果只是這樣，勉強還在可接受的範圍內。把其他人的「推」說得一文不值，這就令人不爽了。聽到這種話，我心中的碎嘴歐巴桑會捲起袖子，主動應戰。

「沒人贏得了我家的『推』」，我認爲這句話也有貶低他人之意，所以盡量不使用。

不要用比較的方式來表達你對「推」的愛意，這是每一個阿宅都該具備的基本技能。

至於刻意踩別人的「推」來拉抬自己的「推」，這對阿宅來說是很危險的行爲。**他們不是眞的愛到盲目，而是太缺乏自我認同感，才會主動挑起代理戰爭**。

自己的「推」受到認可，就好像自己受到認可一樣開心，甚至比自己受到認可還開心，這種心情我懂。可是，人家不喜歡你的「推」，又不是在否定你這個人，只是價值觀不同罷了。社會大眾不喜歡你的「推」，不代表他們就是錯的。而被你踩的「推」，也不會威脅到你的「推」。

攻擊其他不相關的藝人，只是在發洩自己的不滿而已。你深愛你的「推」，不代表你可以傷害其他人。踩別人的「推」，你的「推」也不會飛黃騰達。說穿了，這純粹是損人不利己的蠢事。做錯事的人是你，結果「推」卻要替你承擔砲火。

因此，如果你正在踩別人，這是你應該暫時遠離宅圈的警訊。

先暫時忘記「推」，找幾個好朋友出來聊聊，或是去看看秀麗的風景吧，休息一陣子對你有好處。

心有所屬是一件美好的事。不過，要是摯愛害你過得不開心，要勇敢放手，這也是阿宅應該具備的勇氣。

阿宅應兼具冷靜和熱情

如何避免你的宅圈惡名昭彰？

再重申一次，「推」眞的是一個很精妙的字眼。推的英文是「Push」，阿宅會提供聲援和金援，來支持自己喜歡的人。爲別人奉獻的喜悅，也讓這個行爲具有神聖性。

然而，我們應該時時刻刻反省自己做的事情有沒有眞的幫到「推」。萬一不小心扯到後腿，那可就本末倒置了。阿宅常會在無意間犯下這種過錯，這也是追星的難處。

宅圈風紀敗壞是一大問題，有些沒禮貌的阿宅，會害到其他無辜的粉絲。沒禮貌的白目自己被罵也就算了，偏偏他們還會替「推」招黑。

比方說，在特定場所堵自己的「推」就是一例。某些宅圈並沒有禁止這種行爲，但基本上是不行的。這會增加「推」的心理負擔，一群人聚在特定場所，也會給附近的居民添麻煩。每次看到「推」在網路上發文，用婉轉的說法拜託那些阿宅不要堵人，同爲阿宅的我都感到很不好意思。切記，阿宅不該給「推」添麻煩。

這種行爲最大的問題是，大部分的阿宅都是守規矩的，但少數阿宅不懂自律，害所有粉絲都被貼上白目的標籤。於是乎，宅圈內鬥，又給旁人更不好的印象。漸漸地，某些宅圈就變得惡名昭彰了。

保持客觀對大家都好

類似的行爲也不光是發生在現實世界，網路上也有很多人熱心支持「推」，結果反而留下負面印象。把「推」捧上天的阿宅，經常幹這種事。當然，我也了解他們的心情。對粉絲來說，「推」是完美無缺的上帝。不過你必須了解，你的「推」在別人眼中不見得完美，這一點非常重要。

比方說，有的阿宅只要看到排行榜，就想讓自己的「推」榜上有名。退一萬步講，排行榜的確是人氣指標，想讓「推」上榜也無可厚非。問題是，一個二十幾歲的演員，你讓他登上「最希望成爲老師的明星」排行榜，未免也太過牽強。從客觀的角度來看，假如「推」演了一部很無趣又沒人氣的電視劇，結果你硬把那部電視劇灌到第一名，其他人也只會認爲那是灌票。這種事情幹久了，人家對你們的宅圈就不會有好印象。

另外，有些年輕演員確實演技有待加強，我覺得自己知道就好，沒必要特地告訴演員本人。可話說回來，在公開場合過度誇獎「推」也同樣沒必要。你褒獎得越誇張，不是粉絲的人聽到了，心中只會產生客觀的疑問，懷疑你是不是在誇大其辭。這純粹是在替「推」招黑，你也許很喜歡七龍珠的克林，但克林不可能比悟空或達爾厲害。

碰到類似的狀況，我建議各位換個有愛的說法。當你發現「推」的演技有待加強時，也沒必要硬拗，用鼓勵的方式表達你的愛就好。可以說，「推」很有演戲天分，多累積一點經驗必成大器。這樣不是粉絲的人聽到，也不會質疑你。**克林也許贏不了悟空和達爾，但他的確是最強的地球人**。

還有一點要銘記在心，萬一其他人批評你的「推」演技不夠好，也不要激動反駁。

態度過於強硬的粉絲，不容許別人批評自己的「推」，這種粉絲只會被當成瘋狂的信徒。假如別人笑你的「推」塌鼻，先不要急著抓狂；不妨笑笑地回答，雖然鼻子不挺，但還是能娶到漂亮的老婆。別人提出客觀的意見，心悅誠服接受就好。至於那些擺明來挑釁的白目，不跟他們吵才是聰明的做法，不然就是在降低自己的格調。

最糟糕的是，圈外人看到你們惡鬥，肯定對你們的宅圈印象不好，這可得不償失。阿宅的世界常有一種情況是，外人其實並不討厭你家的「推」，但看到底下的粉絲亂搞，對「推」也就沒有好印象。這無疑是在扯「推」的後腿，送禮到經紀公司道歉都還不夠。

當阿宅本來就需要熱忱，但也要客觀看待自己的「推」。顧及這兩者的均衡，才有辦法真的幫到「推」。

宅圈不爲人知的黑暗面

認真討論粉絲資歷的問題

爲了讓自己喜歡的「推」和作品一直紅下去，基本上阿宅都很熱心傳教。多虧藝人本身的努力和活躍，以及阿宅積極的宣傳，「推」的知名度也越來越高，但也不可避免地埋下了新地雷。

也就是新粉和老粉的黨爭地雷。絕大多數老粉都很歡迎新加入的粉絲，但確實有一些老粉仗著資歷深瞧不起人。當然，那些老粉的心情我也明白。有的老粉在「推」默默無名的時候就死心塌地支持，想談論過去的豐功偉業也無可厚非。事實上，老粉講一些新粉不知道的趣聞軼事，相信新粉也會很開心。

只要老粉是出於純粹的熱忱，這些交流都很溫馨。不過，也有老粉想展現優越感，證明自己是最了解「推」的粉絲。還有人是功名心作祟，這種人認為「推」有今天的成就，全賴他們長久以來的支持。這兩種老粉在談論「推」的往事，就跟上司喝醉拚命講當年勇一樣無聊，對誰都沒好處。

的確，在「推」還籍籍無名的時候，老粉率先看出他的潛力，並且不怕旁人訕笑，堅信「推」有大紅大紫的一天，他們的毅力值得讚賞。多年的耐心等待和熱忱，令人肅然起敬。然而，與「推」邂逅的時機因人而異，老粉只是剛好早了一點，沒有比較偉大。

同樣的道理也適用在職場上。資深的員工氣焰太盛，新人就沒有出頭的機會，這種公司不可能有創新的活力。資深的人其實應該多顧慮新人，這對老粉的心理健康也大有益處。

惡質老粉害宅圈衰退

惡質老粉太多的宅圈，註定衰退，這也是常有的事情。一樣東西要長久發展下去，新陳代謝是絕對必要的。老粉囂張跋扈的宅圈，吸引不到新人，那些老粉也懂這道理，爲何悲劇還是一再發生呢？

因爲老粉的行爲也是出於愛與正義。我相信人性本善，不認爲那些老粉是惡意驅逐新粉。老粉會攻擊新人，主要是想保護深愛的宅圈。一下子太多新人加入，短期內會有一些紀律上的問題。好比新人不遵守規矩，或是根本不懂規矩。這時候沒人跳出來管，旁人就會對宅圈有不好的印象，甚至傷害到「推」的名聲。不少老粉就是出於這種使命感，才會故意倚老賣老，最後鬧出「批鬥大會」的笑話。

不可否認，禮貌對阿宅來說是很重要的素質。現在阿宅比較有人權了，但缺乏社會常識的形象依舊根深柢固。所以，阿宅之間互相督促言行也是對的。學校老師不是常說，穿校服在外走動時，要多注意自己的言行舉止。因爲穿著校服就代表學校。

這一點阿宅也一樣。你去參加「推」的現場活動，在網路上宣稱自己喜歡誰，你的言行就會影響到大家對「推」的印象。如果你知道自己是剛入坑的新人，就該好好學習相關規矩。好比去問認識的朋友，或是上網搜尋一下，這樣就能明白爲何老粉有某些特別的堅持。老粉設下的規矩，通常是要避免粉絲給其他人添麻煩，同時也保護「推」。

同理，如果以資深老粉自居，請反省一下自己的言行是否太過霸道。就算你的行爲是出於正義感，整天召開批鬥大會的宅圈也肯定會式微。各位不妨想像一下，你去一間餐廳吃飯，結果三不五時就聽到內場廚師在飆罵新人，請問你還能吃得津津有味嗎？相信大多數人再也不會光顧了，菜餚再好吃也沒用。眞的爲「推」著想的話，千萬不要變成那種倚老賣老的傢伙。

支持喜歡的藝人本來就是興趣，搞到自己不快樂也沒意義。所有員工都很快樂的餐廳，自然能吸引到更多客人，業績也會跟著上升。同樣的，所有阿宅都很快樂的宅圈，自然會吸引到更多阿宅加入。用這樣的方式提升「推」的知名度，才是阿宅的貢獻。

你該考量的是「推」開不開心，而不是你個人開不開心，當你只顧慮到自己，這就是該注意的危險信號了。無論投入再多時間和金援，你終究只是一個阿宅。在正義感和虛榮心失控之前，勸戒自己冷靜下來，這才是度過快樂宅生的祕訣。

爲什麼要在網路上亂放砲？

上網請拿出基本素養

網路社交平臺眞是好東西，「推」會定期更新內容，讓粉絲接觸到他們本人發出的訊息。「推」發出的網路訊息，對阿宅來說就跟「生命之母」一樣，會帶給我們身心靈的平靜。「推」本來是雲端上的人物，是網路讓我們感受到他平易近人的一面。只要打開社交平臺，看到「推」發出的新訊息，就能知道他依然平安健康。下班用手機上網，光是看到手機螢幕上有「推」的訊息通知，那種幸福感就好像你連灌了三杯冰啤酒一樣。

不過，網路社交平臺也有可怕之處，這玩意會讓阿宅誤以爲「推」是非常親近的存在。反正回文也沒什麼門檻，於是就有人會寫下一些根本不該講的話。

比方說，「推」在社交平臺宣傳自己的下一場演出，有粉絲會刻意說這次他不去，有人看到這種言論並不在意，但也有人會覺得不是滋味。如果「推」公開說不在意的話那也就算了，人家沒有明講，粉絲留言還是應該謹愼爲宜。

發文就是希望粉絲多多捧場，故意說自己不去，這其實是很差勁的溝通方式。要是眞的不想去，直接留言鼓勵就夠了。不想說謊騙自己，就乾脆不要回文。使用文字溝通，更應該檢視自己的用字遣詞是否合乎禮儀。

還有一種情況是，「推」在社交平臺上公布了新的髮型照片，就會有白目多嘴硬要說之前的髮型比較好看。你自己剪了新髮型被嫌棄，肯定也會爆氣吧？你一大早到公司上班，結果上司說你今天氣色很差，你還會有心情好好工作嗎？絕對會想詛咒那個上司，最好每次搭電車儲値卡都失效吧？

你可能眞的比較喜歡之前的髮型，不用騙自己沒關係。可是，有必要對本人說嗎？眞的跟「推」面對面交談，你大概緊張到話都說不出來，也不會講出這麼沒禮貌的話。

但在網路上大家經常搞錯彼此的距離，說出不該說的話。切記，**你不是「推」的女朋友，**不該管太多。請用粗體字打下這句話，當成手機桌面吧。

「推」按了哪些讚，也會影響到阿宅的心情

阿宅常做的另一件事情，就是確認「推」的追蹤和交流對象。聽我一句勸，確認這個真的是百害而無一利。

等你開始確認「推」按了哪些讚，就一腳踏入了地獄。萬一「推」跑去同行異性的貼文按讚，或是有同行異性在他文章底下留言，千萬不要自亂陣腳。請用阿宅最擅長的自我催眠術，催眠自己那只是他們不小心按錯。就算「推」經常對特定的異性按讚，也要和顏悅色看著他的右手，原諒那隻調皮搗蛋按讚的手。

尤其舞臺劇的圈子，有的女性偶像或新出道的女演員也會捧場，甚至在表演結束後跟你的「推」一起拍照，把照片PO到網路上。請不要生氣，封鎖那則貼文就好。

網路社交平臺會讓我們看到不該看的東西，這也是一大缺點。從這個角度來看，凡事看得太多也未必是好事。基本上，「推」是雲端上的人物，蒙上一層光暈或許對大家的心理健康都有幫助。

無可挑剔的按讚內容

有的「推」只會點一些可愛的小貓動畫，這種最棒了。同臺演出的演員前來留言關懷，你不會看到他按讚；公演最後一天所有演員拍下大合照，你也不會看到他按讚。你只會看到他按一大堆小動物的影片讚，這種「推」值得你死心塌地支持！

網路社交平臺充斥著各種紛擾。小貓影片簡直是救世主。

戲劇宅都會碰到的「入戲問題」

這也是戲劇宅的一大樂趣

戲劇宅和偶像宅同樣都是喜歡「推」的外貌，但兩者又不太一樣。事實上，我只要看到不錯的演員，就會當成自己的「推」，但我對偶像就沒什麼感覺。這兩者間難以弭平的代溝，到底是怎麼一回事？我想到了「虛實皮膜」這個字眼。

「虛實皮膜」的意思是，藝術的眞髓就隱藏在事實和虛構的微妙界線中。這是知名淨琉璃戲曲家近松門左衛門提出的思維。我猜想，這種模糊曖昧的分界，才是戲劇宅最大的享受吧。

演員本人和他扮演的角色，經常被混爲一談。如果你入坑的契機是雜誌、廣告、網路社交平臺，這些媒體展現的是演員本人的風采，那可能還沒什麼感覺。如果你是喜歡某齣戲的角色，才間接喜歡上演員本人，那可能會懷疑自己到底是喜歡演員還是角色。

戲劇宅二度墜入情網

舉一個簡單的例子，我很喜歡岡田健史。他一出道就飾演電視劇《中學聖日記》的其中一名要角，是非常有潛力的年輕演員。他扮演的是叫黑岩晶的中學生，為人憨直又多愁善感。說實話，我一開始分不清楚自己到底是喜歡黑岩晶還是岡田健史。

他演的黑岩晶就是那麼有魅力。比方說，他在呼喊主角時，那略微低沉的嗓音，還有感情激動時，那難以自制的表情，以及青筋浮現的結實手臂，每個畫面都有一種鉛筆素描畫出來的情懷，我一看到就愛上了。

後來我才慢慢去了解岡田健史這個人。過去他把自己的青春獻給棒球，還當上棒球校隊的副隊長，可惜無緣晉級甲子園，因此一直感到愧疚。演藝圈對他來說是陌生的世界，但還是盡己所能不斷精進。他為人溫良有禮，卻有稚氣未脫的一面。我越了解他不同的面貌，對他就越是一往情深。岡田健史的故事實在太濃厚，我自己都寫到發抖。這故事可以改編成漫畫了吧？

沒錯，愛上演員和他演出的角色，是戲劇宅的一大樂趣。明明是同一個對象，但不同的角色會帶給我們初戀的感覺。**沒有人會想脫離這種幸福的地獄**。

不過，麻煩的地方就在這裡。畢竟外觀都是同一個人，有時候我們會把角色當成本人。當然，演員純粹是在扮演角色，我們也知道本人和角色不是同一回事。然而，故事中的角色在我們心目中，難免會跟本人互相重疊。

岡田健史演出其他角色時，因爲不是我喜歡的黑岩晶，所以多少有點寂寞，想在一些平凡無奇的舉止上，尋找黑岩晶的風采。我就像一個用情太深的笨女孩，在現任男友身上追尋前男友的身影。而且這跟談戀愛不一樣，兩個不同的角色都是同一個人演的，這才是最難搞的地方。

電視劇不是常有一種劇情嗎，女主角的男友去世，結果又遇到了跟男友長得一模一樣的男子。眞沒想到當個阿宅，也能體驗到冬季戀歌的情節。

永遠享受一見鍾情的樂趣

不過，站在演員的角度來思考，一直被過去的角色束縛，想必不是什麼開心的事情。畢竟創作者永遠都想再創顛峰。當然，粉絲有自己喜歡的角色也很正常，但請把這份心意收藏好，努力接納「推」挑戰新角色吧。

因此，各位不妨轉換一下思維。只要喜歡上一個演員，就可以看到人渣、廢柴、人生勝利組、情場備胎等各種角色，根本是最棒的歡樂套餐。時而扮演苦情的病弱青年，時而扮演嗜血的千人斬。表情、言行舉止全都不一樣，但演出的都是同一個人。同一人物演出不同的角色，竟然會這麼自然，而且充滿生命力。每次看到那種落差，就好像見識到魔法一樣。你眞的會想感謝老天，慶幸自己支持那些戲精。戲劇宅的生活，就是在重複這些過程。

「推」每次扮演新的角色，我們就能談一場新的戀情。「推」是被戲劇之神選上的天之驕子，帶給粉絲永無止境的一見鍾情，這也是我們不改初衷支持到底的理由。

脫粉危機再臨

「推」的大紅之日，就是我脫粉之時

喜歡的「推」紅了。

這是值得慶祝的大事。當然，「紅」的定義因人而異，真要討論會很複雜。這裡我先定義成「連續擔綱電視劇主角」。

對演員來說走紅才是正義，但扮演電視劇主角並非演藝事業的終點。這一點粉絲也非常清楚，但人氣夠高才能獲得各種助力，工作交涉上也才更有利。如果你衷心期望「推」大紅大紫，看到他們走紅一定會喜極而泣。有的粉絲還會刻意在鬧區當快閃族，替自己的「推」慶祝。

可是，在你踩著輕快的步伐走過鬧區時，心中或許會有另一個念頭。

啊，該急流勇退了。

「推」的大紅之日，就是我脫粉之時，也是我跟對方道別的季節。

有些讀者可能不明白爲什麼。我之前也說過，對我來說「推」這種行爲，比較像在培育一個正在發展、還沒有名氣的可造之材。換言之，一旦「推」得到世人的評價，我的任務就告一段落了，已經沒辦法再爲對方做什麼了。

一旦「推」稱霸天下，我就當個功成身退的阿宅

我的立場是照顧人的宿舍歐巴桑，明星走紅，意味著寄宿生活結束，要搬到蛋黃區的豪宅住了（這是概念上的意思）。我不用再買一大堆雜誌或門票，「推」也有一大票粉絲的支持，業績不會受到影響。我唯一能做的，就是得意講起他過去默默耕耘的故事，

還有以前在雜誌上留下的可愛對答。

然而，這種炫耀自己是資深粉絲的行爲，很容易被當成倚老賣老，老粉和新粉對立更是敗壞宅圈風氣的一大原因。趁自己還沒倚老賣老，趕緊功成身退才是阿宅浪漫的退場方式。

我個人的感覺是，**「推」在大紅之前的時間，是粉絲支持起來最快樂的日子。**

當然，「推」稱霸天下後繼續常伴左右，也別有一番滋味。看著「推」受到世人景仰，你在一旁優雅微笑，那種感覺彷彿自己是王后一樣。

不過，我相信豐臣秀吉當上天下霸主之前，日子一定過得比較痛快。或許，他默默無名的那段時光才是最帥的時候。因此，如果「推」走紅了，我會悄悄離開他的身邊，尋找下一個值得輔佐的英主。這種不斷尋找新「推」的人生，正是我的阿宅之道。

脫粉後仍然是特別的存在

當然，就算脫粉了，看到以前照顧的孩子活躍，仍然是值得高興的事情。看著他的裝扮越來越時髦，你心想，他大概有了不錯的造型師和化妝師吧。這時你會哼著懷舊老歌，笑看那孩子竟然有了成熟的魅力。

之後，你看他上節目時日漸消瘦，不免擔心他有沒有好好吃飯。當他在訪談中說出厭世的話，你會想打去經紀公司抱怨，要事務所好好安排他的假期。說穿了，就算我們已經脫粉，阿宅的基因也不會改變。

這時我會想起浮濫的電影情節，好比夢想破碎的青年，回到家鄉的河堤邊，跟以前的好友一起丟棒球。我會把自己當成那個以前的好友，對著歷經滄桑的他說，不用擔心，累了就回來吧，我隨時都願意陪你練球。這也是我脫粉以後，一定會想到的情節。

從這個角度思考，「推」走紅後也並非脫粉之時，而是享受全新妄想的另一個階段。

罪孽深重的阿宅

看到以前喜歡的「推」，自己就像藕斷絲連的前女友

脫粉以後，看到以前喜歡的「推」出現在電視上，我會像個藕斷絲連的前女友，這一點我真的很想改進。

我知道你們一定在想，那就改啊！說句老實話，我自己也很想改。過去支持的時候死都不承認自己動了真情，現在脫粉了反而以前女友自居，未免太卑劣了是吧。

先來談一談，什麼叫像前女友。比方說，以前的「推」出現在綜藝節目上，我看了也不會有心動的感覺，畢竟都已經是過去式，早就沒有戀愛的感覺了。

只不過，跟他一起共事的演員或圈內人，說出他不為人知的一面時，我會心有戚戚焉。好比人家爆料他都穿夾腳拖到片場、睡醒頭髮亂翹也沒整理好，我會裝出一副自己早就知道了的樣子，這就是前女友心態。明明就沒看過他穿夾腳拖去片場，卻自以為是同居女友，每天目送頭髮凌亂的他出門。這種厚顏無恥的態度，就是前女友心態。真的無恥到我想拿菸灰缸砸自己。

希望看到「推」住豪宅、開名車

既然是前女友，那免不了要說一下前男友壞話。好比嫌棄他自拍技術不好、使用的貼圖不可愛等，總之什麼都能嫌。可是，一旦旁人跟著一起說前男友壞話，我又會感到火大，幹嘛講得那麼難聽啊？這種欠揍的前女友心態，拿菸灰缸來矯正還不夠，拜託誰給我扳手好嗎？

當過去的「推」鬧出緋聞，這種煩死人的前女友嘴臉還會徹底爆發。

當然，這也要看緋聞的內容是什麼，若是男女關係，反正他已經不是我的「推」了，也不會受到太大的打擊，甚至還能寬容以對。誰叫人家是明星，男女關係亂一點也很正常。我會去一間氣氛好的酒吧，坐在吧檯喝雞尾酒，假裝成善解人意的女人，笑笑他的傻，想起他以前也有類似的趣事。這種該死的前女友心態，拿扳手來大概也沒用，拜託誰往我腦門子開一槍好嗎？

每個人對過去的「推」都有不一樣的感情，有些人脫粉以後，或許對那個人就不感興趣了，也不會有太多想法。不過，我沒法看得那麼開，動不動就會想起對方，就好像去觀光的時候，偶然想起大學時交往的戀人一樣。

所以我只希望在脫粉以後，「推」還是能保持帥氣的風采。我不想看到以前的「推」慢慢墮落，那種幻滅的感覺很難受。

看到他變得越來越帥、越來越紅，我的心態就像前女友一樣，只會緬懷曾經同甘共苦的同居歲月。我希望他未來住豪宅、開名車，享受生活。

反之，看到以前喜歡的「推」逐漸沉寂，甚至開始拍攝 YouTube 上的一些爛廣告，我反而比較難過。就算心裡已經沒有他了，也希望他繼續發光發熱，這就好像我們都希望自己的初戀情人常保風姿一樣。

然後，我會趁著大掃除的時候，翻著那些不曉得該不該丟的雜誌，回味過去那段瘋狂支持的歲月，陶醉在當人家前女友的妄想中。

第四章
下輩子我還是想當阿宅

追星締結的友情

交到同為阿宅的朋友，追星更有樂趣

追星的其中一個好處，就是可以交到新朋友。

如果你有機會結交同道中人，可以不顧旁人眼光盡情談論「推」可愛的地方，追星的生活絕對更加滋潤。當你跟阿宅朋友興奮聊完「推」的話題，回家路上會察覺自己容光煥發。阿宅朋友等於是你的保濕面膜，但結交宅友的好處不只如此。

簡單講，我們都有自己的生活要顧，可能每天忙著工作或處理家務。你一天能夠用來追星的時間並不多，需要同道中人的幫助，才能在有限的時間裡，盡可能蒐集到更多資訊，進行有效率的追星活動。

當你的「推」是外國人，就會明白朋友的重要

我現在很迷泰國的帥哥演員，這也讓我深刻體認到，有阿宅朋友是多重要的一件事。我完全不了解泰國，連泰國的國旗長怎樣都不知道。我以爲吉隆坡是泰國的地名（其實是馬來西亞的地名），河粉是泰國的小吃（其實是越南小吃）。我一個泰國俗喜歡上泰國演員，要蒐集資訊眞的有困難。

首先，就算有喜歡的演員，我也不知道人家的本名是什麼。泰國人喜歡替人家取綽號的文化，簡直發達到不可思議的地步，大家平日都以綽號相稱。而且綽號很可能跟本名一點關係也沒有，例如我喜歡的演員 Bright，他的本名是 Vachirawit Chivaaree。嗯，這名字我完全不會唸，當戲劇宅也好一段時間了，但我還是第一次碰到這種狀況，竟然不知道該怎麼唸「推」的名字。

現在日本有許多泰國演員的資訊，維基百科的內容也相當充實，但以前泰國演員的資訊根本是荒漠。想了解喜歡的「推」，無奈 Google 出來的全是泰文的資訊。老實說，

我甚至看不出那是不是文字。我四歲姪兒寫的天書，對我來說比泰文更好懂。

宅友讓你的追星生活更加充實

在這種情況下，阿宅好友就顯得彌足珍貴了。阿宅一找到「推」的採訪影片，就好像找到傳說中的祕寶一樣，會趕緊跟朋友分享。如果「推」的母親有ＩＧ，阿宅也會抱著瞻仰聖母瑪利亞的心情互相分享。阿宅的情蒐能力實在好到不可思議，真希望人力銀行趕快刊登一些情蒐相關的職業，好讓阿宅一展長才。

追星不能孤軍奮戰，有團隊協助才有辦法追得順利。每個人要各司其職蒐集情資，像玩填字遊戲一樣，慢慢拼湊出「推」的各種面貌。

泰國演藝這個大坑，資訊有供過於求的現象。你一天沒上網追訊息，隔天去看會有恍如隔世的感覺。可是我平常忙著工作，根本沒時間整天黏在網路上。幸虧有阿宅好友時刻提供資訊，大幅降低沒跟到訊息的風險。

大夥互相扶持，一起分享各種開心和感人的訊息，這種好友可以讓追星生活更加愉快充實。

阿宅創造的溫柔世界

找到同好就是一件很幸福的事

我很喜歡宅圈。

阿宅總是沉浸在喜歡的事物中，而且眞心喜愛自己的「推」。**當一個人有熱愛的東西，那份正能量就會散布出去，待人處事也特別溫柔**。

比方說，遇到還搞不清楚狀況的新粉，阿宅會提供各種有用的資訊和建議。自從我一腳踏入宅圈後，就認識不少這種溫柔的前輩。

大多數的阿宅都希望「推」獲得更多支持，也樂於關照他人。阿宅願意耗費大把時間和心力，讓更多人了解「推」的美好。因此，我們歡迎新粉加入，也樂於提供協助。

要是新粉有不知道的情報，我們也會拿出來一起同樂，絕不會藏私。這就好像一家優良企業，會提供新人各種指導一樣，而這樣的善行在宅圈可謂司空見慣。

乍看之下是前輩單方面付出，實則不然。基本上，阿宅只要有機會聊到「推」的話題，就很幸福了。所以，不斷對新來的粉絲講「推」的老哏，前輩們也可以重新感受到「推」的可人之處，這無疑是一種雙贏的關係。

在殘酷現實中感受宅友的溫情

這種互助文化正是阿宅的美德。例如，有人忘記錄下「推」的電視節目，這時候就會有阿宅提供燒錄好的DVD。或者，你想看的舞臺劇買不到票，阿宅也會幫忙購入門票。踏入宅圈你會深刻體認到，人與人要互相合作才活得下去。

日常生活中可沒有這種好事。在職場上去請教前輩問題，嘴賤的前輩只會賞你一記牽制用的刺拳，叫你自己找答案。你敢再跑去問前輩，他就會改用強烈的嘴賤勾拳，叫你同樣的問題不要問第二遍。你被罵到投鼠忌器，再也不敢問任何問題，前輩又會發動凶殘的嘴賤上勾拳，罵你爲何有問題不早說。這就是我們的生存地獄。

阿宅朋友間主要就是聊「推」的話題，很少會有互相謾罵的情形發生。大家一講到「推」，就開始出現各種腦死對話，眞的非常和平。

從這個角度來看，阿宅文化是非常溫柔的圈子。你沒空去看舞臺劇，沒關係，阿宅好友會幫你去現場購買限定商品。像我這種會推海外演員的，光是訂購海外的周邊紀念商品就得負擔不少運費，也只有阿宅好友會跟我一起訂購，幫我分攤運費。有時候，我們會把LINE的名稱和頭像改成「推」的名字和照片，享受一下跟「推」互通訊息的幻覺，一個小時後再一起崩潰，反省自己幹了什麼蠢事。眞的只有阿宅好友會陪你這樣玩。

跟同一掛的粉絲玩當然很有趣，但就算彼此的「推」不一樣，大家都了解心中有「推」的喜悅，因此也特別容易心靈相通。比方說，人家在電視上看到我喜歡的「推」，會提醒我記得收看；買東西抽獎剛好抽到我喜歡的「推」，也會無條件送給我。

我有幾個朋友喜歡的帥哥跟我差不多，我們就共組一個群組，整天聊一些外貌的話題。光是在上面看到新的帥哥照片，下午工作就多了新活力，粗茶淡飯吃起來也特別香。

阿宅之路走久了，難免會空虛寂寞覺得冷。這種互助文化和互相尊重的精神，可以溫柔淨化阿宅的世界。

成人宅友最棒了

有同樣喜好的朋友非常珍貴

爲何阿宅的友情如此美好呢？因爲在現實生活中，我們交朋友通常不是看「嗜好」來決定的。

嚴格講起來，發展人際關係的時候，會受到各種不一樣的「限制」。首先，出生的地區和學年就有某種程度的區隔，好比學年分班就是以隨機的方式，強制組出一個社群。其實仔細想想，你會發現這是非常粗暴的機制。說實話，學生時代交的朋友，跟個人的興趣喜好合不合沒有太大關係。反正大家都是跟座號相近的人交朋友，要混熟也不需要特別的理由。

問題是，坐我旁邊的同學不見得跟我處得來。喜歡運動和把妹的同學跟我處不來，也不是我的問題。像我這種不善溝通的人，求學時總是害怕跟同學無話可說，還得強迫自己融入群體，以免成爲格格不入的存在。這些問題多半是隨機分班制度造成的。

當然，交朋友不見得要有相同的嗜好或興趣。彼此喜歡不一樣的東西，只要合得來一樣可以當朋友，隨機分班也未必沒有好處。可是，當我們長大擺脫半強制的社群，相信不少人都有品嘗到自由的解放感吧。透過網路認識同好的那一刻，除了感受到愉悅以外，還有一種世界逐漸開闊的興奮感，以及終於可以展現自我的安心感。我到現在都還記得那種如釋重負的感覺。

相對的，在現實生活中談論自己的興趣，通常也不會有人理解。旁人頂多嗆你浪費錢玩物喪志，要你好好規畫未來。我們阿宅也是成熟的大人，當然不會犯賤去給人家嗆，所以平常會裝成普通的社會人士。

跟宅友相處的時間，允許自己慵懶一下

人際關係是很麻煩的東西，出社會以後你更擺脫不了這種麻煩。有人無法融入職場，也有人不願在職場上展現真正的自我。就算職場上人際關係不錯，也難免會在意自己和其他同事的風評，競爭心和自卑感也就跟著出現。

阿宅好友是少數不會刺激競爭心的對象，跟阿宅聊天不用整天摺一堆假掰的英文，更不用強迫自己成長。這個競爭社會總是逼迫我們百尺竿頭，更進一步，有一個可以讓你放鬆的對象，眞的是可遇不可求。

跟阿宅好友聊自己喜歡的東西就夠了，不用講什麼KPI或OKR之類的鬼話，那段時間你會覺得活著很美好。有空就一起去網咖租包廂看DVD，或是一起去看舞臺劇。有一個分享喜悅的對象，才能打起精神面對職場上的挑戰。跟阿宅好友約好下次一起出去玩，就是人生馬拉松的供水站。

在驚滔駭浪的人生中，阿宅好友會讓你做一場捨不得清醒的美夢，這就是宅友珍貴的地方。

老實說，我完全無法預料未來會怎樣，但希望老了以後，跟阿宅好友一起生活。說不定我有一天也會娶妻生子，就算有了小孩，也不敢寄望他們照顧。至於跟配偶共築雙人世界，也得面臨其中一方先死的風險。跟臭味相投的阿宅一起生活，聊追星的話題安度晚年還比較開心。我相信跟我有同樣想法的阿宅，少說也有五千萬人。

過去你講這種話，人家只會說你逃避現實。然而，現在已經有不少前輩，構築了沒有血緣關係的群體，嘗試一起生活。這種嘗試自有其風險和難題，不見得會豐富人生。可是，一般人只能寄望家人或社福機構照料晚年，這種嶄新的想法至少在呆板的二元選項外，提供了不一樣的選擇和可能性。且不論能否實現，好歹可以期望未來有不一樣的人生，這份希望會讓你覺得，其實未來沒有想像中的糟。

未來我們得面臨高齡化社會，阿宅好友是讓我們開心度過晚年的護身符。

「推」是人生相簿

跟「推」一起變老的喜悅

阿宅當久了，你會發現自己的人生是由「推」和朋友組成的。

當你長年支持同一個「推」，你的人生紀錄會和「推」的經歷互相重疊。比方說，回顧某一年春天在幹嘛時，會先想到那一年有什麼舞臺劇，而不是生活中發生了哪些大小事。接著你想起那一年的工作辛勞，同時也想起那段辛苦的生活中，每晚有「推」的電視劇陪你一同度過。

就某種意義來說，**「推」的存在就像你的日記**。不少歌手在演唱會最後，也說想跟粉絲一起變老。阿宅聽了只有開心而已，感覺好像被求婚一樣，這應該不是我們誤會吧？

在「推」的面前，我們都只是單純的人

我還沒有真心喜愛十年以上的「推」，所以有粉絲從年輕時就支持同一個「推」，我看了眞的好生羡慕。

我身邊就有這樣的例子，那就是我姊。我姊從中學時代就很喜歡近畿小子。升上高中開始打工後，幾乎每場演唱會從不缺席，平常在家有空就放他們的MV來看。這份熱情在她出社會和結婚生子後，也沒有衰退的跡象。年終演唱會照樣每年參加，聽她呼喊堂本光一和堂本剛的聲音，熱愛依舊不減當年。

我曾經陪我姊去看堂本剛的演唱會，只有那次。那是每年會在京都平安神宮舉辦的戶外演唱會，剛好那一年別人有事不能陪她，我就被她帶去了。

總之，平安神宮境內人潮擁擠，我們的位子在很後面，只能遠遠看著前方舞臺。演唱會正式開始後，前面觀眾的腦袋還擋到堂本剛的身影。

我對堂本剛的個人活動不太清楚，大多數曲子都沒聽過。我轉頭看著我姊，感覺好像看到一個跟平常完全不一樣的人。她沒有發出很三八的尖叫，就只是一直盯著堂本剛。

在那當下，她不是我從小認識到大的聰明姊姊，也不是別人的賢妻良母，純粹是一個長年支持堂本剛的女性。更進一步說，那時候的她好像變回十多歲的少女。過去我們一起生活的年代，姊姊會用錄影帶錄下近畿小子的電視劇；找到近畿小子的大頭貼機臺，也會很開心地拍幾張回來；電視一播出近畿小子的廣告，她就會放下手邊的事情，趕快跑到電視前面坐好。

看我姊這麼有愛，我真的好羨慕。她用了一半以上的人生，持續支持同一個人，喜愛之情從沒變過。

年紀越大，自由的時間就越少，生活中有很多不得不處理的事。**追星或許沒有年輕時來得重要了，但偶爾我們可以放下煩悶的生活，當一個單純的粉絲支持自己的「推」**。不用在乎世俗的頭銜和地位。那是一段無可取代的寶貴時光，我姊的情意長留我心中，讓我反而對那一場演唱會沒什麼印象。

順帶一提，我還有一個姊姊。她去卡拉ＯＫ唱歌就會變成關西傑尼斯的狂粉，不斷唱一些我們沒聽過的關西傑尼斯的歌。因此我很肯定，我的宅性是遺傳到她們。大概就是這兩個姊姊讓我感受到，有「推」是一件很開心的事情。

我還只是一個菜比八的阿宅，自認還算用心支持「推」，最長的不超過六年。我沒有眞的賭上青春去支持哪個藝人，所以每次看到我姊的熱忱，總覺得自己的人生有缺憾。

不過，大家邂逅「推」的時機都不一樣，相逢的那一刻就是最棒的時機。跟「推」相遇的日子還不長，代表未來還有很多故事可講。我也想投注漫長的時光支持喜歡的「推」，跟「推」一起走過這條人生路。

「推」是抗老化的心靈良藥

阿宅是取悅自己的天才

我入坑也六年了，很多時候我覺得有「推」是一件很開心的事。有喜歡的人事物，我們才能常保年輕的感性。這就好比看到喜歡的人，會有心跳加速的感覺；一想到對方，心中就有難以言喻的感動。可是，年紀越大就越難保持這樣的感性。能透過「推」感受到這種心情，是近乎奇蹟的體驗。

前陣子，某位阿宅編輯知道我喜歡《因爲我們天生一對》這部電視劇，還送我一個印有兩位主角插畫的馬克杯。

阿宅很願意花時間做這種浪費才華的趣事，我很喜歡這樣的阿宅精神。好比畫自己喜歡的「推」，寫寫小說、做些布偶之類的。用創作活動來排遣過剩的愛意，實在是棒透了。

我想，某些名留青史的藝術家，應該也是普通的阿宅吧？像〈莎樂美〉這幅宗教畫，大概也是當時的新約聖經宅太喜歡莎樂美，喜歡到想看一下眞正的莎樂美，所以才動手畫出來的二次創作吧……？我說莫羅老兄，你不會眞的是阿宅吧？

我知道有人看不起創作行爲，認爲那是在浪費時間，但請各位回顧一下歷史，過去日本平安時代的貴族，也是動不動就創作和歌。一聽到鹿的叫聲，就想到鹿在滿山紅葉中嚎叫，迴盪著悲涼的秋意；獨自入睡太過寂寞，就寫下獨守空閨的時間有多漫長。從現代人的角度來看，這不也是莫名其妙嗎？可是，在那個年代，興頭來了唱一首和歌，是非常自然的事情。我們的祖先都這麼文青了，阿宅把過剩的愛慕之意，抒發在各種創作行爲上，也是在發揚傳統文化吧。

很多人在學生時代喜歡畫畫，長大後卻再也沒拿過畫筆，結果碰到喜歡的「推」以後，又再次點燃創作的欲望。像這樣重拾自己塵封已久的興趣，我認爲是很美好的事情。

三十七歲才發現「推」的主題曲

我前面講的創作活動只是一個例子，我相信沒有進行創作活動的人，有了喜歡的「推」以後也會有特別的感性。比方說，以前聽的流行歌曲，在有了喜歡的「推」以後，聽起來就有完全不同的感受。這也是阿宅常有的經驗。

以我個人爲例，我很喜歡 BUMP OF CHICKEN 這個樂團的〈車輪之歌〉。這首歌會讓我想起到東京打拚的回憶，有特別的意義。歌詞中出現的主角和搬走的人，大家一定覺得是男性和女性對吧？沒有其他可能性了，絕不會是男女以外的配對。

沒想到，有一天我在推特上發現一則推文，內容說歌詞講的應該是一對男性好友。這怎麼可能？我動用阿宅千錘百鍊的想像力，還是無法想像那是指男性好友。爲求愼重起見，重新讀了一遍歌詞，結果發現眞的說得通。那是一種醍醐灌頂、撥雲見日的感覺！我試著從那種角度重讀歌詞，這才驚覺那根本是在講 OffGun。包包卡住以後，用眼神叫對方幫忙解開的，絕對是Off；然後看不下去幫忙拿的，絕對是Gun。這情境光想就超有趣。

後來我聽每一首歌，都會懷疑那是在唱我的「推」。我一聽到〈再流一滴淚〉（FUNKY MONKEY BABYS的歌）就會想到岡田健史，一聽到〈Even If〉（平井堅的歌）中描述的笨拙愛戀，就會想到林遣都。我一直在YouTube上搜尋各種老歌，想聽出不一樣的樂趣。

有了「推」才發現，人生不管活到幾歲都有趣事

只要自己懂得找樂子，單調的生活也能過得非常有趣。大家常說年紀大了，感性也會跟著僵化，但我現在情感反而更加豐富敏銳。

從沒想過自己三十五歲以後，竟然會喜歡一個人喜歡到落淚。結交新朋友的喜悅，本來以爲再也享受不到了。不過，有了「推」以後，我的人生路越走越開闊。這才相信，人生不管活到幾歲都有趣事。

變老是很自然的事情，我也不想抱持否定的態度，或是自己嚇自己。然而，我心中對老化還是有一些恐懼和厭惡；怕的是自己的觀念僵化，厭惡的是再也沒有接受新奇事物的雅量。**比起肌膚和體力的衰老，我更害怕思想的迂腐守舊。因此，「推」對我來說無疑是抗老化的聖品。**

我希望到了六、七十歲，同樣是一個追星的阿宅。我要穿上喜歡的衣服，跑去參加現場活動，嘴裡嚷嚷著我要升天了，讓人家分不清楚我是在講幹話還是真的要掛了。我還要跟年輕時一樣，把內心的愛慕之情寫成文章。

一想到自己未來依然是個阿宅，令人不安的老年生活似乎又充滿了希望。

為何現在一堆人搶著當阿宅？

有熱中的東西是很帥氣的事情

話說回來，最近的阿宅浪潮來得眞是又快又猛。連我這種人都出書了，相信各位也看出一點端倪。現在很多人對阿宅的生活方式相當感興趣，甚至也想成爲阿宅。有人動輒就說自己宅，完全沒有要隱藏的意思，世道變了。明明前不久，阿宅還只享有社會邊緣人的地位。

阿宅長久以來都是大眾厭惡的存在，這話可一點也不誇張。據說阿宅這個稱呼方式，是知名偶像評論家中森明夫，在漫畫周刊的「御宅文化研究」連載中率先使用的。一九八〇年代末期，東京和埼玉發生了幼女連續撕票案，犯人擁有大量的漫畫和動畫錄影帶，因此世人對阿宅的觀感非常不好，阿宅這個字眼也迅速普及，受到社會的攻訐。

現在老一輩對阿宅還是有很強的厭惡感。直到幾年前，許多家長也擔心自己的小孩長成一個阿宅，現在這種憂慮你根本不會當一回事，當阿宅根本不算什麼。

那麼，為何現在一堆人自稱阿宅？有些人缺乏專門的知識和行動力，純粹是跟風亂喊，真正的阿宅最討厭那種人。但各位不覺得奇怪嗎？曾幾何時阿宅變成了流行用語？什麼時候阿宅這個字眼，變得跟那些潮牌一樣受歡迎了？

自稱阿宅似乎成為一種時尚。歸根究柢，這是對阿宅生活方式的強烈憧憬。

阿宅每天都在全力享受無盡的青春

這有一個大前提，那就是阿宅有非常熱中的東西。不管是二次元或三次元的興趣，總之阿宅有無可取代的東西，對我們來說，那比自己的性命還重要。**這種熱愛一件事物的強大精神力，打動了大眾的芳心。**

日本從一九八七年開始實施「寬鬆教育」，其中一個基本原則就是「重視個人特色」。後來學校教育尊重每位學生的特性，社會風氣也不再盲目追求第一，而是找到適合自己的唯一。

問題是，有了發揮個人特色的機會，也很少人知道自己的特色是什麼，大部分的人都處於迷惘的狀態。

還有一堆 YouTuber 鼓吹大家靠自己的興趣謀生，因此人人都想找到興趣，偏偏又遍尋不著，陷入進退兩難的困境。

在這樣的現代悲劇中，願意不顧一切投入興趣的阿宅，看起來就是如此耿直耀眼。那種純粹的率眞性情，也是大家想當阿宅的原因之一吧。

最重要的是，阿宅不會被其他人的意見影響。我們經常對抗各種偏見，心裡也受到不小的傷害，但從不會放棄自己的興趣。不受他人影響的堅定韌性，也是人們嚮往阿宅的理由。

現在這個世道，你光是普普通通過日子，都會有人來對你指指點點。生活中到處充滿各種唇槍舌劍，你會很好奇怎麼有一堆人吃飽沒事幹，整天攻擊別人的生活方式。

工作、結婚、生育、養小孩、照顧老人家，做與不做全看個人自由，但總有一些人要干預別人的選擇，質疑別人的決定是否正確。好像所有人類都跟壞婆婆一樣碎嘴，大家心裡養的壞婆婆也太大隻了。而你就像個委屈的小媳婦，很想嗆爆那些壞婆婆。

不過，不是每個人都敢反嗆。大部分人話才到嘴邊，又硬生生吞了回去，搞到自己壓力太大圓形禿。因此，當他們看到阿宅不顧反對，也要堅持自己的興趣，就非常羨慕那樣的骨氣。他們期許自己也有一樣的骨氣，過上快樂的生活。

說穿了，**大家會羨慕阿宅，也意味著這世界有多麼不自由**。人生中有太多迷惘，才想找到一個堅定不移的信念，這才是許多人想成爲阿宅的原因。

阿宅點燃自己的熱情

過去阿宅是負面形象的代名詞，確實有些阿宅的思想比較負面、敏感，但接受自己不完美的缺點，學習享受生活的訣竅，這樣的心態其實非常正面。阿宅完全無視旁人的批評，盡全力享受無止境的青春，當中自有撼動人心的魅力。

現在要活個七老八十不是問題，在漫長人生中要盡量活得愉快，得想辦法點燃自己心中的熱情。哪怕周遭環境再怎麼陰鬱，阿宅也能做到這一點，這就是阿宅受人青睞的生活方式。

對人類來說，「推」到底是什麼？

不是你支持「推」，而是「推」支持你

寫了一大堆，這本書也快要接近尾聲了。最後如果你再問我，有了「推」以後我究竟改變了什麼，總結一句話就是，**我終於變得比較喜歡自己了**。

我是極度缺乏自我認同感的人，從小到大都是。各種自卑感加在一塊，我變成一個討厭自己的大人。每次看到有人裝成心靈導師，說什麼要先愛自己才能愛別人的屁話，我就很想賞他一記飛踢。但人家講得也沒錯，我跟誰都處不來，或許這就是我連自己都不喜歡的緣故，因此經常一個人偷偷哭泣。

很多書籍都打著「喜歡自己」這類的正向口號，我也抱著病急亂投醫的心情，想要從中找出答案，無奈每一本書都寫得大同小異，只會叫我們不要跟別人比較，再不然就是每天多多稱讚自己。我看了超想撕書，要是辦得到我還會這麼辛苦嗎？

不知不覺間，我身旁的親朋好友都成家立業了，看著好朋友一個又一個離我而去，就很失落。爲什麼人家都能獲得普通的幸福，只有我做不到？

那種生活太孤獨了，我指的不是孤身一人的問題。無法向外人訴說自己的孤獨，那才是眞正的孤獨。

自從有勇氣坦承自己喜歡的事物，我才稍微對自己有點信心。

我想對「推」大聲示愛的原因

前面也提過，男人喜歡帥哥很難獲得世人的認同。這個事實我在小學高年級時就發現了，當時我很喜歡 SMAP 的香取愼吾，就好像我現在支持喜歡的「推」一樣。不過，我一個小男生熱愛男性偶像，同學知道後都罵我娘砲、同性戀、變態。

升上中學後，或許是第二性徵的關係吧，過去跟我關係不錯的女同學，也不再像以前那樣頻繁找我聊天了，就因爲我是個男的。

我在男生和女生眼中都是「異類」，小時候我的生活圈不大，也沒那個勇氣當異類。要在狹小的教室生存下去，得隱藏自己喜歡帥哥的嗜好，才不會被同學欺負。我僞裝成普通人，再也不敢表達自己的喜好。

就算我當上寫手，一開始也不敢像現在這樣，公然宣稱自己喜歡帥哥。

寫手跟藝人有不少直接交流的機會，容易成爲粉絲嫉妒的對象。因此寫手公開自己的「推」是一大禁忌，算是不成文的規定。這一點我自己也很清楚，再者，我也不想公開自己喜歡帥哥的嗜好。所以有一段時間，我都只寫一些冷冰冰的文章。

直到有一次我看了某齣舞臺劇，那齣舞臺劇眞的太有趣，害我不小心寫出一篇充滿宅味的報導。做事不懂瞻前顧後，也是阿宅的一大毛病。寫完文章後我冷靜下來，發現自己可能鑄下大錯。一個人微言輕的大叔瘋狂讚美帥哥，誰會想看啊？我越想越膽寒，甚至想起小時候被同學嘲笑的經驗。我在打開網路社交平臺之前，已經做好心理準備，要承受大量的脣槍舌劍。

我敞開雙臂，等著箭雨往我身上招呼。奇怪的是，等再久都沒看到批評的聲浪，完全出乎我意料之外。於是，我戒慎恐懼地上網Google，發現一大堆人稱讚我的報導。他們說我寫得很棒，用字遣詞好到無話可說。

那時候的震撼我至今還是難以忘懷，一直以來用偽裝保護自己，生怕被其他人攻擊，其實仔細一看才發現，原來不是每個人都心懷惡意。也有人跟我一樣重視自己的喜好，而且他們願意接納我。

那是我第一次覺得，自己喜歡帥哥的感性受到認可。過去總是壓抑自己，一來是怕被攻擊，二來也是不想造成別人不快。

以前我很在意旁人的目光，就是不希望自己的喜好給人添麻煩。沒想到有人鼓勵我，讓我知道不需要隱藏內心的喜好。我終於能解開束縛，大聲說出我愛帥哥。

有多愛自己也要多愛「推」

我到現在還是不曉得，到底該怎麼喜歡自己。應該說，我一輩子都不會喜歡自己吧，也不認爲有必要勉強喜歡自己。

我想人類的愛是有限的，該如何分配全看個人。假設愛的總量只有一百，有些人一半分給自己，另一半分給配偶。也有人分給自己三成，剩下的七成全給家人。這沒有誰對誰錯，不同的分配方式都是個人的抉擇。

至於我，我只是把自己該享有的愛，統統給喜歡的「推」罷了。這是我可以接受的答案，也不再認爲不愛自己是種缺陷了。

大家都說，這是每個人都能發光發熱的時代，但我不曉得該怎麼發光發熱。只有看到光芒萬丈的「推」，感受那耀眼奪目的光華，我才能稍微映射一點光芒。

我這種人就跟月亮一樣，沒辦法自己發光，「推」就是我的太陽。我不想爲自己努力，但可以爲「推」盡力。我眞心覺得，這種生活方式也未嘗不可。

再重申一次，爲了「推」付出一切，你也得不到任何回報。你會失去時間和金錢，可能還得承受旁人的非議。幾年過去以後，你也許會後悔自己當初很蠢。可是，如果一直遵循普世價值生活，卻依然感到空虛的話，我認爲你應該順應自己的直覺，去接觸有趣的東西，而不是一味相信別人決定的規範。

縱使只是逃避現實，也比無所適從強多了。相信自己的直覺，換下不適合你的皮鞋，改穿輕便的布鞋，花點時間追逐自己喜歡的人事物，盡全力享受一下吧。

雖然不知道這條路走下去的結果如何，但傻傻地衝下去，說不定你會到達一個意想不到的全新境界。至少我就是如此。我不斷向世人宣揚自己的喜好，見識到不一樣的光景，也實現了以往的夢想。

人生有一些奇蹟，是沒法用回報或建設性來衡量的。我希望每個人都可以用這種方式，慢慢地認同自己。

對每個阿宅來說，「推」的定義都不一樣

前面我們思考過許多關於「推」的話題，那到底「推」是什麼玩意？老實說，也不

是非得要探討出一個定義。

可能對某些人來說，「推」跟就戀人或兒子一樣。或者跟我寫的一樣，是活下去的理由，也是生活中的預定行程，甚至是上帝或太陽。每個阿宅都有不一樣的形容方式，這就夠了。

在這樣的前提下，若你非得問我「推」到底是什麼，我會說，**「推」就是護身符**。

未來我們還是得面臨一大堆瑣事，還有各種失敗和挫折。每一次摔跤跌倒，我們也許會獨自在暗夜哭泣，但這個護身符就在胸懷裡。「推」會拭去我們的淚水，帶給我們爬出深淵的希望。困難必須自己面對，但「推」會賦予我們振作的勇氣。

你以爲你在支持「推」，其實是「推」在支持你。我想，這就是所謂的「推」吧。

人生充滿艱難險阻，有這樣一個護身符，似乎多了那麼點希望。

本書到此告一段落，希望各位跟你們的「推」都過得幸福美滿。

Eurasian Publishing Group
圓神出版事業機構
用心與你對話．網野無限寬廣
方智出版社
Fine Press

www.booklife.com.tw
reader@mail.eurasian.com.tw

方智好讀 145

生而為粉，我很幸福：

有趣爆棚的粉絲內心話，有「推」的人生最美麗

作　　者／橫川良明
譯　　者／葉廷昭
發 行 人／簡志忠
出 版 者／方智出版社股份有限公司
地　　址／臺北市南京東路四段50號6樓之1
電　　話／（02）2579-6600．2579-8800．2570-3939
傳　　真／（02）2579-0338．2577-3220．2570-3636
總 編 輯／陳秋月
副總編輯／賴良珠
主　　編／黃淑雲
責任編輯／胡靜佳
校　　對／胡靜佳．陳孟君
美術編輯／李家宜
行銷企畫／陳禹伶．鄭曉薇
印務統籌／劉鳳剛．高榮祥
監　　印／高榮祥
排　　版／陳采淇
經 銷 商／叩應股份有限公司
郵撥帳號／18707239
法律顧問／圓神出版事業機構法律顧問　蕭雄淋律師
印　　刷／祥峰印刷廠
2021年12月 初版

JINRUI NI TOTTE "OSHI" TOWA NANNANOKA, IKEMEN HAIYU OTAKU NO BOKU GA HONKI DASHITE KANGAETEMITA
BY Yoshiaki Yokogawa

定價300元　　ISBN 978-986-175-645-5　　

你本來就應該得到生命所必須給你的一切美好！
祕密，就是過去、現在和未來的一切解答。

——《The Secret 祕密》

國家圖書館出版品預行編目資料

生而為粉，我很幸福：有趣爆棚的粉絲內心話，有「推」的人生最美麗／橫川良明 著；葉廷昭 譯.
-- 初版. -- 臺北市：方智出版社股份有限公司，2021.12
224 面；14.8×20.8公分. --（方智好讀；145）
ISBN 978-986-175-645-5（平裝）

1.流行文化 2.偶像崇拜

541.3 110017110